本书由北京市哲学社会科学首都流通业研究基地资助出版

随机市场条件下
首都农户联盟利益分配机制研究
——以易腐农产品供应链为视角

梁 鹏◎著

A STUDY ON THE BENEFIT DISTRIBUTION MECHANISM OF
CAPITAL FARMER ALLIANCE UNDER THE CONDITION OF
STOCHASTIC MARKET
—FROM THE SUPPLY CHAIN OF PERISHABLE AGRICULTURAL PRODUCTS

经济管理出版社
ECONOMY & MANAGEMENT PUBLISHING HOUSE

图书在版编目（CIP）数据

随机市场条件下首都农户联盟利益分配机制研究/梁鹏著. —北京：经济管理出版社，2018. 10
ISBN 978-7-5096-6038-6

Ⅰ. ①随…　Ⅱ. ①梁…　Ⅲ. ①农户—经济联盟—利益分配—研究—北京
Ⅳ. ①F327. 1

中国版本图书馆 CIP 数据核字（2016）第 219120 号

组稿编辑：张永美
责任编辑：杨国强　张瑞军
责任印制：黄章平
责任校对：张晓燕

出版发行：经济管理出版社
（北京市海淀区北蜂窝 8 号中雅大厦 A 座 11 层　100038）
网　　址：www. E-mp. com. cn
电　　话：（010） 51915602
印　　刷：北京玺诚印务有限公司
经　　销：新华书店
开　　本：720mm×1000mm/16
印　　张：14. 25
字　　数：191 千字
版　　次：2020 年 8 月第 1 版　　2020 年 8 月第 1 次印刷
书　　号：ISBN 978-7-5096-6038-6
定　　价：98. 00 元

联系地址：北京阜外月坛北小街 2 号
电话：（010） 68022974　　邮编：100836

序

农产品的流通问题是“三农”问题的关键和难题。中央一号文件连续13年聚焦“三农”，2016年的一号文件首次提出“将产业融合作为农民收入持续较快增长手段”。在目前的条件下，要解决小农户与大市场的农业特色矛盾，选择加入农产品供应链与合作伙伴进行联盟，成为北京市众多农户的主动选择。农产品供应链从宏观层面能够提高农产品流通效率，从微观层面也就是农户的角度看，则为农户提供了相对稳定的销售渠道，增加了农民收入。农产品市场的激烈竞争推动着农户加入农产品供应链中寻找合作伙伴，而农产品供应链的核心竞争力在于合作成员之间的信任程度与合作程度。选择何种供应链联盟模式，如何维持农产品供应链联盟中成员的稳定合作，成为目前“三农”问题的难点与挑战。在农产品供应链联盟合作中，合作成员可能出现短视行为，只顾追求自己利润，而置供应链整体利润的最大化的目标于不顾。例如，农户可能为了降低成本提高利润，在农产品质量问题上不过关甚至造假，加工企业也可能为了提高自身利润而降低原材料的采购成本，成员加入供应链后仍然我行我素只谋求自身利润最大化的行为妨碍了整个农产品供应链利润最大化的追求与实现。因此，要想最大限度发挥农产品供应链上成员合作之后的优势和提高农产品流通的效率，需要协调好整个农产品供应链伙伴之间的合作关系与利润分配。

确定最佳农业供应链联盟模式，合理分配农业供应链的利润，为首都农户选择最佳合作伙伴。农户参与农产品供应链的目的是在竞争激烈的农产品市场中获得竞争优势和追求利润的最大化。本书从农户的角度进行评判，探讨究竟何种农产品供应链联盟模式是给农户带来收入最高的模式即最优模式，从实际出发得出绩效最优的模式，可以给未参与供应链联盟的农户和参与的非绩效最优模式的农户提供参考。对于农户来说，如果加入农产品供应链与其他成员合作时能够比农户单干获得更多的利润，则农户就有选择合作伙伴及其合作的动机。当农户得知合作所获收益大于单干时，与谁合作又成为困扰首都农户的一个关键问题。农户与不同的伙伴进行合作，就会产生不同的农业供应链模式，面对众多的合作伙伴和供应链模式，选出让自己收益最大的模式是农户的理性选择。在农户选择出最佳供应链合作模式并加入其中时，如果供应链中各参与方不去谋求农产品供应链总体利润的最大化，只顾自身利益，则整个农产品供应链就失去了存在的必要性，最终走向瓦解。因此，农产品供应链的合作利润合理、公正、公平地分配给参与成员以形成合作的激励是维持供应链长久合作的关键。

在首都农产品市场供应链中，农户的主要经济来源是农产品的出售收入，而随着经济的发展逐渐走向集中化，规模经济的优势逐渐得到各界的广泛认可，更多的北京市范围内的农户开始大批量地向批发市场输送农产品，这种方法确实能够在原来市场摆摊出售的基础上提升一定的收益，但是，这种方法会产生比较高昂的市场交易费用。譬如，农户个体需要独自在一个庞大陌生的市场中搜寻筛选对自己有用的农产品价格信息和消费者的需求等信息，这些无疑是低效率的。农业产业化经营是继家庭联产承包经营之后的一个农业上的重大创新，自 20 世纪 80 年代中后期开始，农业产业化的快速发展为农户选择供应链联盟模式提供了多种选择。在利用调查问卷法和沙普利值法帮助农户选择出适合的合作伙伴之后，农户可以取得比其单干时更高的利润，但合作的过程中会存在许多不确定的因素影响合作的进行，其中最大的影响因素是供应链上成员间的利润分配，合理的利润分配能够维系农产品供应链的高效运转，不合理的利润分配可能导致合作关系的恶化甚至破裂。学术界和农户都在积极探寻对农户来说最适宜的农业供应链联盟模式。

本书的研究目的是从农户的角度出发，帮助北京农户选择最佳的供应链联盟模式，确定最佳合作伙伴，最大化农户的利益。在确定最佳供应链联盟模式之后，选取合理的分配方法来合理、公平、公正地分配农产品供应链联盟的合作利润，以保证联盟合作的持久与稳定。

本书的研究，一方面，通过问卷调查得出最佳农产品供应链模式，为北京市农户在最佳合作伙伴选择和最优农产品供应链模式参与上提供参考；另一方面，将拓展联盟博弈在现实社会中的研究领域，使联盟博弈的研究从理论层次研究向实践操作层次研究延伸，从自然形成的农产品市场结构的研究向人为构建稳定的市场的研究拓展，使现实农产品市场因环境不断变化所引发的某些问题与联盟博弈的效用机制结合起来，有利于形成面向农产品市场的优化理论实践研究成果。

目 录

第一章　农户联盟、农产品价值链相关理论研究

第一节　农户联盟理论研究

一、政策理论

中央一号文件提出："坚持依法自愿有偿原则，引导农村土地承包经营权有序流转，鼓励和支持承包土地向专业大户、家庭农场、农民合作社流转，发展多种形式的适度规模经营。创造良好的政策和法律环境，采取奖励补助等多种办法，扶持联户经营、专业大户、家庭农场。"

在北京现有农产品流通体系下，重点推进农产品生产前端和末端组织化。《北京市"十二五"时期农产品流通体系发展规划》提出，着力提高农产品生产前端和零售末端的组织化、规模化水平，进一步巩固、创新和提升发展农产品流通体系；鼓励农产品生产组织、批发市场建立直营的社区分销网络，鼓励批发市场和国有企业通过参资入股等方式控制、稳定社区菜市场经营方向，必要条件下对菜市场进行企业化改造。同时十八届三中全会针对新型农业经营体系提出可行性理论支持。十八届三中全会《决定》：首先建立城乡统一的建设用地市场。在符合规划

和用途管制的前提下，允许农村集体经营性建设用地出让、租赁、入股，实行与国有土地同等入市、同权同价。缩小征地范围，规范征地程序，完善对被征地农民合理、规范、多元保障机制。其次加快构建新型农业经营体系。坚持农村土地集体所有权，依法维护农民土地承包经营权，发展壮大集体经济。稳定农村土地承包关系并保持长久不变，在坚持和完善最严格的耕地保护制度前提下，赋予农民对承包地占有、使用、收益、流转及承包经营权抵押、担保权能，允许农民以承包经营权入股发展农业生产化经营。

中国社会科学院农村发展研究所教授党国英说，中央一号文件提出一系列改革措施，其中的重大问题归根结底都涉及农村土地。如探索推进农产品价格形成机制与政府补贴脱钩，逐步建立农产品目标价格制度，涉及农业支持政策核心的提高补贴精准性问题，必须从农村承包地确地确权确股着手。

北京市发布《2014 年市政府折子工程》共 209 项。

第 35 条　坚持和完善农村基本经营制度，深入推进土地流转起来、资产经营起来、农民组织起来，赋予农民更多财产权利，促进城乡要素平等交换、公共资源均衡配置。

第 36 条　加快构建新型农业经营体系，鼓励承包土地经营权向新型经营主体流转，推进农用地承包经营权、集体建设用地使用权确权颁证，建立农村产权流转交易市场。

第 37 条　推广大兴西红门、海淀东升经验，开展统筹利用集体建设用地试点，发展壮大集体经济。

第 137 条　自觉落实粮食生产责任，抓好“米袋子”“菜篮子”重点工程，建立基本农田补贴制度，加强基本农田保护，实施农业基础建设及综合开发二期工程，增加储备规模，保持一定的粮食和蔬菜自给率。

第 141 条　大力培养新型农民，推进绿色就业，提高公益性岗位补助标准，引导农民转移就业，积极帮扶低收入农户增收，保持农民收入快速增长。

二、农户联盟理论研究

农户联盟的形成依托于彼此有共同的战略利益，同时彼此经营实力对等，拥有共同的资源，在共同的市场上有平等地位。共同的战略利益指：无论是散户、家庭农场、专业合作社等面对市场都是孤立的，它们只有互相联合，才能建立起沟通大市场的桥梁。经营实力对等指：过去的龙头企业在与农户、合作社、家庭农场联合时，存在不对等的经营实力，导致经营实力强的一方欺压弱的一方，形成不公平的联盟。共同使用资源指：大部分农业资源在各个主体之间是不流通的，往往存在搁置现象，资源利用不充分。因此，在资源确权基础上，有偿共同使用资源，可以达到资源利用最大化。共同拥有市场：北京农产品市场是多层次与多样化的，单独的组织出现在市场中，只能占据很小的市场份额，没有竞争力，同时也不能满足整个市场庞大的需求。加强农户联盟不仅能提高自身实力，还能满足市场需求，增强自身的市场份额。

（一）规模经济理论

规模经济是指在某一特定生产时期内，随着企业生产产品的数量不断增加，企业生产的单位成本不断下降，即企业扩大生产经营规模，可以降低平均成本，提高利润水平。

农户联盟其中一点强调的是规模经营，从经营者的角度看，农户联盟最重要的目标是实现农户收益最大化。从国家的角度看，农户联盟需要注重扩大土地经营规模，提高劳动生产率，以此提升经营者效率。同时还需要通过提高土地产出率的形式，以实现粮食安全供给以及农产品有效供给。

（二）组织化制度变迁理论

组织化制度变迁理论（Institution），即经济学意义上的制度，“是一系列被制定出来的规则、服从程序和道德、伦理的行为规范”。制度是一系列制约规范，是为了规范人们之间的相互关系而设定的。制度变迁，是各个利益集团为了实现自身利益最大化而进行谈判的过程，在这个过程中，一种制度安排会被逐渐完善，从而变成另一种新的制度安排。制度安排旨在提供一种使其成员的合作获得一些在结构外不可能获得的追加收入，或提供一种能影响法律或产权变迁的机制，以改变个人或团体可以合法竞争的方式。

建立农户联盟，就是要打破原有的制度框架，冲出原有的模式，形成一种新的激励资质。

（三）竞合理论

竞合理论是20世纪90年代中期由哈佛商学院亚当·M. 布兰登勃格（Adam M. Brandenburger）和耶鲁管理学院拜瑞·J. 内勒巴夫（Barry J. Nalebuff）提出的。他们认为：“创造价值是一个合作过程，而攫取价值自然要通过竞争，这一过程不能孤军奋战，必须相互依靠。企业就是要与顾客、供应商、雇员及其他相关人员密切合作。”竞合理论是企业战略管理的一种全新理念，与传统企业战略过分强调竞争理念不同，它强调合作的重要性，主张利用博弈理论和方法来制定企业竞争合作战略，强调战略制定的互动性和系统性。帕杜拉等认为，竞合观念来源于企业之间的共识：企业之间存在相互依赖的利益关系，价值创造及价值分享过程都会涉及一个部分利益一致的结构。在中国结构中，企业有共同的利益，于是竞争和合作问题同时存在，并且紧密联系在一起，这就是所谓的竞合。①

农户联盟是一个竞争与合作及资源整合的过程。他们利用自己的优势资源，组成战略联盟，通过联盟内的合作，提高自己的竞争能力，通过与其他联盟的竞争，又会倒逼联盟参与者之间加强合作，提升整体实力。

① 韩喜艳，农产品流通组织化研究［M］. 北京：中国社会科学出版社，2015.

第二节　农产品供应链相关理论研究

一、供应链管理理论

(一) 供应链管理的定义

农产品供应链管理的主要内容可以从两个层面理解：一是普遍意义上的产品供应链包括的管理内容，如供应商关系管理、采购管理、客户关系管理、库存管理、运输管理、信息管理、供应链协调等；二是由于农产品供应链的特殊性产生的管理内容，如农产品的季节性、鲜活性、易腐性、分散性等导致的对风险管理、冷链管理、质量安全管理等新的内容。

供应链管理模式是将最终用户、零售商、分销商、制造商、生产商连接到一起的整体网链模式。它的主要功能是将产品从商家那里送到消费者手中，实现对信息流、物流、资金流的控制。这是一个完整的过程，采购原材料、生产中间产品、生产最终产品，然后通过销售渠道将最终产品销售给消费者。该过程始终围绕核心企业，从消费者的角度，通过企业间共同合作，实现整个链条的最优化。

供应链管理理论是在 20 世纪 80 年代由 Michael E. Porter 提出，在 90 年代后期迅速发展起来，成为一种新的理论，为广大企业所接受。供应链管理起源于两个方面：一个是前端工业企业的采购和供应发展而来；另一个是后端的零售商和批发商为打造核心竞争力而整合物流功能发展而来。供应链管理是一种对管理思维进行创新的统筹管理方法，对供应链涉及的三要素实行有效的计划、组织与控制，三要素包括信息流、商流与物流（见图 1-1）。供应链管理模式是一种体现企业之间整合与协调思想的一种管理模式，最核心的思想是构建供应链上各节点企业的合作伙伴关系，整合优势资源，构建起供应链战略联盟以共同面对快速变化和追求多样的市场需求。

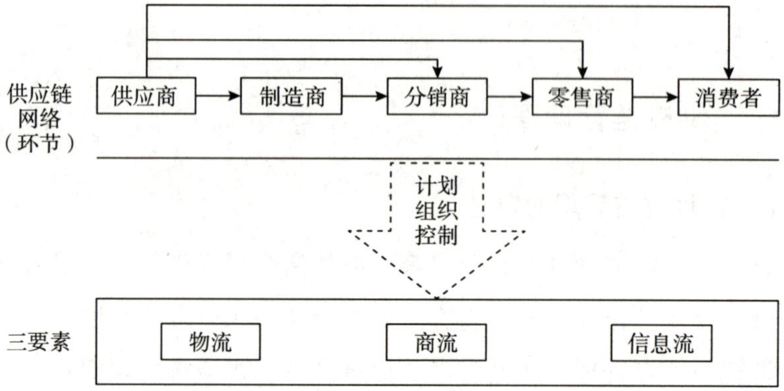

图 1-1　供应链管理

供应链管理是一种崭新的管理思维，随着供应链管理模式的不断成熟，采取供应链管理方法管理企业，已经成为众多企业赢取竞争优势的重要手段，因此对供应链管理的研究内容和研究重点也在不断发生变化，从最初的整合内外部物流管理、企业间关系管理到目前的整体供应链效率和价值增值。截至目前，对于供应链管理的定义，国内外的不同学者对此有着各种不同的理解。

著名的供应链管理专家艾尔拉姆认为：“供应链管理是用于计划和控制物资流动过程的集成管理办法，其源头在供应商，终点是用户。”

美国供应链管理专业协会①认为，“供应链管理包括需求与供应、原材料及零部件的采购、产品的制造与装配、库存跟踪、订单的录入与管理、分销及最终向顾客交货，供应链管理贯穿产品流通的整个过程。”

我国学者马士华认为，供应链管理就是使供应链运作达到最优化，

① 美国供应链管理专业协会（Council of Supply Chain Management Professionals，CSCMP）是全球最有影响的物流专业组织。

争取以最少的成本来优化从最初的采购到最终的客户需求满足的全过程，让消费者以合理的价格买到符合其需求的产品。

我国国家标准《物流术语》[①] 将供应链管理定义为：供应链管理是计划、控制、组织和协调供应链过程中涉及的全部活动。如果从供应链管理的思想和方法来看，它是一种集成，执行从供应商到最终消费者的控制和计划等职能。从单一的企业角度来看，是指企业整合上下游关联企业的物流、信息流与资金流及其他资源以获取核心竞争优势。

（二）供应链管理的特点及与传统企业管理的区别

20 世纪 90 年代以后，企业经营的外部市场环境发生了很大的改变。经济全球化、市场上客户需求多样化催生了供应链管理这种能够增加竞争优势的新型管理模式的兴起。这种供应链管理模式建立在高度灵活、快速应变的基础上，又力求低成本、高效率的运作效果。它可以促使企业提高响应能力和弹性，对资源进行优化整合。这种新型的管理模式与传统的企业管理理论有着很大的区别。

1. 具有集成化和整体化的特点

实行从供应商开始到消费者结束的一种对全部过程及全部要素的集成化管理，所有节点的企业被当作一个整体，以供应链的流程为基础，物流、信息流、价值流、资金流、工作流贯穿于供应链的全过程。通过业务流程重组，消除各职能部门以及供应链成员企业的自我保护主义，整合优化各节点企业的业务效率，注重企业与企业之间的合作，要求节点企业组成一个信息共享、风险共担、利益共享的统一体，追求全局的最优化。传统的企业管理理论企业之间、企业的部门之间只是资源与技术之间简单的连接甚至相互孤立发展，自成一体。

2. 明确的客户需求导向

顾客关系的管理与维护及客户需求的满足是参与主体共同的目标追

① 国家标准《物流术语》：本标准确定了物流活动中的基本概念术语、物流作业术语、物流技术装备与设施术语、物流管理术语及其定义。

求与行动导向。顾客价值是供应链管理的核心，构成供应链的参与成员的数量及类型都无法影响供应链管理理念的共同导向。采用供应链管理更容易达到提升客户满意度、降低生产成本和流程品质最优化的目的。传统的企业管理理论追求的往往是订单交货周期或者市场占有率，从企业自身制定的目标去指导企业的发展。

3. 全新的库存管理

将库存管理置于供应链管理之中，将供应链各个节点企业的库存集合到供应商管理库存，上下游企业通过快速反应能够实现库存在不同市场环境下的转移，从而降低库存总成本，库存是供应链管理的平衡机制。传统的企业管理理论认为库存是各个节点企业维持生产与销售的中间必备环节，因此各个节点企业独立建立和管理产品库存。库存是维系生产与销售的必要措施，因而企业与其上、下游企业之间在不同的市场环境下只是实现了库存的转移，整个社会的库存量并未真正减少。

4. 供应链管理实现了信息共享

供应链管理中各个节点企业之间的销售数据、订单状态、物流信息等方面实现了信息共享，促进了各节点企业之间的精确管理，提高了供应与需求之间的有效连接，赋予了企业快速掌握客户需求的能力及企业的快速反应能力，同时在信息共享的基础之上形成高效的物流管理体系。传统的企业管理理论将企业的相关信息视为企业的内部机密，企业与企业之间仅仅是业务上的合作，信息彼此不透明。

二、农产品供应链联盟理论

（一）农产品供应链联盟的内涵

战略联盟是多个企业、公司，因为彼此之间相同的战略目标，为了实现自身利益最大化，决定采取联合行动，约定彼此之间相互合作、共享利益、共担风险的共同体。

供应链联盟是战略联盟理念与供应链管理理念的融合，农产品供应链联盟是供应链联盟理念被应用到农产品的流通过程后农产品生产者、批发商、加工商、零售商等各成员结成的战略联盟，该联盟围绕核心参与主体，整合整个供应链上各个节点的优势资源，在竞争与合作共存的农产品市场形成一个风险共担、利润共享的共同体。如图 1-2 所示。

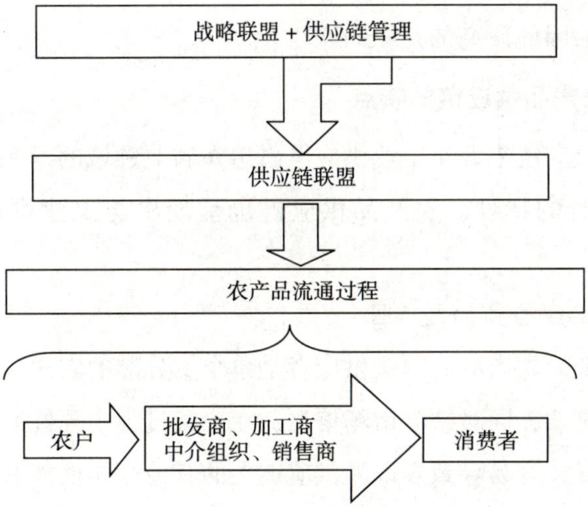

图 1-2　农产品供应链联盟

农产品供应链联盟是在竞争与合作的市场大环境之下，农户、批发商、连锁超市、合作社、龙头企业这些参与主体抱团合作整合优势与其他同类企业进行竞争的战略联盟。组建起来的战略联盟，所有参与成员拥有共同的追求目标，参与到供应链中的主体给联盟提供自己的核心优势，把所有成员的核心优势进行集合与利用，形成一个利益相关风险共担的共同体。农产品供应链联盟的本质是整合集成参与成员的核心竞争力，然后形成比原来更有优势的竞争实力。参与成员需要突破传统组织的界线，有效整合参与主体内外部资源以实现农产品供应链整体利润最大化的目标。农产品供应链联盟的建立，使得农户从以前的单打独斗个体实力的竞争变成了合作竞争，帮助农户克服了单独经营时的种种困境，在信息畅通传递的基础上迅速响应订单与满足顾客的个性化需求，既开发了参与成员各自的最大潜能，又能营造农产品供应链联盟参与主体多方共赢的局面。联盟分为横向联盟和纵向联盟，横向联盟指的是在供应链的同一节点从事相同工作的各个平行成员之间的合作；纵向联盟又称为垂直联盟，是供应链中位于不同节点承担不同任务的成员之间的合作。本书从农产品供应链的视角，研究农产品在流通过程中参与主体之间的联盟，因此研究的是纵向联盟。

（二）农产品供应链的特点

农产品供应链来源于工业供应链思想在农业领域的运用，由于农产品及农户本身的特性，农产品供应链也呈现出与工业供应链不同的特点：

1. 农产品供应商的复杂性

在市场上，农产品的源头供应者是单个、分散的农户，农户之间行为模式相对复杂，同时缺乏市场信息，在决策过程中理性因素与非理性因素同时并存，容易导致农产品供应链上的其他合作伙伴和农产品供应商的谈判复杂化。一般的工业供应链理论直接套用到农业供应链中无法适应实际的农产品供应链运行，农产品供应链整体作用的有效发挥需要充分考虑农业供应链的复杂性。

2. 农产品供应链的脆弱性

首先，农产品的生产有其独特的外部生产条件，它受制于自然环境和自然条件，随着全球气候变换，极端恶劣天气容易带来较大的自然灾害，导致农产品供应减少和供货不足，给农产品供应链合作的稳定性带来了冲击，导致农产品供应链中断甚至终止现象。

其次，农产品供应链环节众多，包括农户、批发商、加工商、零售商等主体，这些主体的多样性导致了农产品网链结构的复杂性，供应链参与的主体越多，不确定性因素就越多。

最后，农产品供应链处于日趋复杂的外部环境之中，要时刻准备受到来自外界因素的冲击。

3. 农产品供应链物流复杂性

农产品的品种多、数量大、保质期较短、易发生损耗等特点导致了农产品供应链物流的多样性和复杂性，往往需要投入大量的资金。农产品生产者多为地域分散的农户，导致了物流路径复杂，制约农业物流的发展，增加了农产品物流的复杂性。目前我国控制物流的信息系统不完善，无法集中处理各种物流信息，使得对农产品物流的控制呈现管理复杂、高难度等特点（见表 1-1）。农产品容易腐烂，保持农产品在运输过程中的新鲜度也考验着农产品供应链上的物流环节。

表 1-1　农产品不同环节的物流特点

环节	物流特点
生产阶段	风险性与周期性，农产品供给不稳定，物流组织调动困难
包装加工	标准和装备多样化，加工形式多样化，保鲜盒质量控制要求高
仓储	专用设备，质量控制和新鲜度控制要求严格
配送零售	配送效率要求高，需要保鲜技术和设备

4. 农产品供应链信息化程度低

农产品流通过程中，由于没有先进的信息设备，在市场上农产品供应链缺乏一个能把政府、市场、客户和供应者有效连接的网络系统。农户之间信息服务不到位，市场供求信息也不能得到有效及时的反映。与此同时，农产品供应链上合作伙伴使用的系统、技术和协议不尽相同，因此合作伙伴信息系统对接起来比较困难，业务处理的自动化水平偏低，而信息化水平不够是阻碍农产品供应链管理提升的主要因素。

（三）农户加入农产品供应链联盟的必要性

农产品市场需求变化得越来越快，对农产品质量的要求也越来越高，单独经营的农户很难应对需求的快速变化和质量的更高要求，因此许多农户面临着选择：要么继续单独经营独自面对竞争压力，要么寻求合作伙伴，共同面对快速变化的市场和承担风险。从其他学者在全国的研究看，不管是理论还是实际，农户选择合作伙伴，加入农产品供应链联盟都对其有积极的正面作用，农户加入农产品供应链联盟是农户理性的选择。

1. 增加农户收入，提高农产品核心竞争力

农户加入农产品供应链中，提供了极大便利，有效降低自身供应成本，与减贫增收有正向关联效应，能够显著增加农户收入。一方面，与未加入农产品供应链的农户相比，加入农产品供应链联盟的农户能够获得丰富的信息、技术与资源，农户之间的组织化程度增加，主体地位也会显著提升，从而在价格方面会拥有更大的话语权，相应农户收入也会提高；另一方面，农户加入农产品供应链后，农业科技水平和农户经营水平都会提高，农产品的质量也顺应供应链合作伙伴的要求得到提高，农产品比市场上未参加农产品供应链联盟的农户提供的农产品更具竞争力，农产品竞争力提升，农产品价格也相应提高，农户收入增加。

2. 培养农户风险和市场意识

农产品的生产，一方面依赖自然条件，另一方面又与市场息息相关，因此农户必须承担双重风险。农户出于降低风险损失的需要，风险较低的生产经营活动往往成为农户的首选。然而，低风险与低收益共存，不利于农户收入的增加。通过加入农产品供应链，农户面临的风险被纳入整个供应链的经营风险管理之中，整个农产品供应链的风险防范能够比农户更加有效地分散和稀释风险。此外，对农户的培训教育及组织化的经营管理，能够帮助农户逐渐培养风险和市场意识，不断摆脱落后的小农经营思想，提高农户在农产品市场中的主动性和适应性，增强市场竞争和应对风险的能力。加入农产品供应链的农户可以得到技术、信息及资金等方面的支持和服务，帮助其增加农产品附加值和降低市场交易风险。

3. 推动农户进行规模化经营，提高农民组织化程度

农户加入农产品供应链联盟中后，联盟能够引导农户进行专业化生

产和规模化经营，围绕区域优势，在规模化经营的基础之上培育特色品牌，提高农产品的附加值和竞争力。分散的农户加入供应链中，能够提高其组织化程度，组织化程度能够保护处于不利地位的农户，化解小农户和大市场的不平衡，赋予农户更多的讲价和谈判能力。农户加入农产品供应链促进了生产和消费的对接，促进了农户、企业与消费者的多方共赢，也利于农产品的标准化和食品质量追溯体系的建立与完善。

4. 农户由单打独斗变为合作竞争

农户加入农产品供应链联盟之后，农户由原来的单打独斗变成了抱团发展，改变了农户在农产品市场单独参与市场竞争的弱势地位，从农户单独竞争变成了供应链上不同成员优势核心资源的合作竞争。农产品供应链联盟能够解决农户单独经营时的销售、资金及管理等各个方面的短板，达到组织再造、快速响应和提高顾客满意度，进而提升农产品竞争力的目的。

农户作为农产品的生产者、供应者，生产经营规模较小且生产分散，实力薄弱，较难获得公平的谈判机会，在市场上也没有强大的议价权，因此只能是农产品价格的被动接受者。在农产品供应链联盟中，供应链的主导企业是一些产地批发市场、连锁超市、龙头加工企业，掌控权掌握在实力雄厚的主导企业手中，经济全球化的趋势会加剧生产者农民的不利地位，削减农户生产农产品的积极性，不仅会影响农产品供应链联盟农产品的稳定供给，也会影响当地农业的发展。因此，对农户来说，选择合适的合作伙伴和正确的供应链联盟模式变得至关重要。

三、农产品供应链联盟的利润分配

（一）农产品供应链联盟的合作利润

合作利润是指供应链中所有参与主体员通过相互合作和协调之后获得的利润总额，例如在合作社主导的联盟模式中，合作利润是总销售额除去合作社与农户与企业的各种成本之后的总余额。企业不仅创造有形利润，同时创造像专利、品牌等无形利润，但无形利润较难衡量，而且很难在短时间内转化为收益，因此本书视有形利润为合作利润。

（二）农产品供应链联盟的合作利润分配

农产品供应链联盟利润的合理配置能够减少合作中出现的不利因素，增强供应链联盟合作的稳定性。相应地，分配不合理会对供应链联盟合作产生反方向的作用，可能会给合作伙伴之间带来冲突，破坏供应链联盟参与主体的合作关系。

在参与主体加入农产品供应链联盟的过程中，为了避免损害参与主体相互之间联盟与合作的积极性以及维持供应链联盟的稳定性和确保合作关系的持久，必须确保供应链所有成员通过联盟以后获得的供应链总的合作利润超过各参与主体单独经营是获得的利润总和。农产品供应链成员之间的关系会发生变化，不仅有为了追求利润最大化的合作，在配置供应链的合作利润时，成员间的关系又变成了竞争。为了使联盟中的参与主体都可以获得理想的利润，将利润分配时的竞争关系缓和，合理地配置利润是至关重要的。只有公平、公正、合理地分配合作利润，才能使联盟成员都积极地进入联盟中，使各个合作成员在核心主导成员的领导下，追求农业供应链联盟的整体利润最大化。

四、博弈论

随着 2012 年的诺贝尔经济学奖再度被授予博弈论相关领域的研究成果，人们越来越重视博弈论在人类社会中所发挥的作用，不但是因为其理论在学术界相关领域所引发的各类思考，更因为这些理论在现实社会中的实用性及实用价值。

博弈论是研究互动决策的理论，即研究主体之间的行为发生相互影响时候的决策主体的决策以及决策的均衡，研究一个经济主体受到其他主体的影响，该主体又反而对其他主体的决策和决策均衡产生影响。

博弈论类似于其他用数学工具来研究经济现象的学科，从复杂的经济现象中抽出各种最基本的元素，并详细分析由这些基本元素打造的数学模型，然后不断引入对模型产生影响的其他因素，最后分析模型结果。博弈论的本质是决策论，是关于决策均衡的系统知识体系，详细分析了理性人在博弈过程中的决策行为，数学化地描述冲突的主体所有可能的行为方式及其行为结果，为分析和预测客观世界普遍存在的冲突及矛盾提供解决办法。每个人在决策的时候必须考虑他人的决策，在考虑他人决策的基础上做出自己的决策，同时也需要把别人对于自己的考虑纳入考虑之中。博弈论的基本概念包括博弈参与人、信息、行动、策略（战略）、支付（效用）、结果与均衡。其中，参与人、策略和支付是描述一个博弈最基本的三要素。一般的博弈问题由三个要素组成。

博弈分为合作博弈和非合作博弈，二者的区别在于博弈的参与人之间能否达成一个可强制执行的协议，该约束决定了合作博弈与非合作博弈之间的核心问题存在巨大区别。在非合作博弈中，决策主体根据自己的利益决定自己的选择，非合作博弈的核心是战略选择，即分析人们如何在行为相互造成影响的情况下做出对自己最有利的抉择。非合作博弈注重个人最优决策和个人理性，其结果是不确定的，无效与有效都可能出现。合作博弈假设了参与人之间的合作协议是可强制执行的，合作博弈注重团体理性，强调的是公平、公正与效率。合作博弈的核心问题是参与人之间的利益分配，研究人们在达成联盟合作之后如何分配利益。

五、博弈论在农产品供应链联盟中的应用

（一）农产品供应链联盟基本理论

博弈论主要研究参与个体的预测行为和实际行为，从而调整他们的最优策略，其中涉及的参与个体被称为局中人（Players）。按照局中人的先后顺序博弈可以划分为静态博弈和动态博弈；按照局中人对其他局中人的了解程度可以划分为完全信息博弈和非完全信息博弈；按照局中人之间是否合作可以划分为合作博弈和非合作博弈。

自纳什开创并总结了非合作博弈理论后，人们对市场中由于信息不对称所引起的种种效率低下的现象有了更多的方法途径去解决。联盟博弈则为一些解决方案提供了极为重要的理论指导，成为农产品供应链联盟中的重中之重。在农产品供应链联盟中，组成供应链的农户、中间商、零售商等为寻求更大的收益而组成一个联盟，各部分的收益则由联盟统一分配。

1. 国内外对联盟博弈的研究概况

博弈论自纳什非合作博弈论创立以来一直被众多学者视为一个非常重要的领域，尤其是在美国数学和经济学家 Nash 等人的研究成果获得 1994 年度诺贝尔经济学奖后，美国、英国及国际上一些经济更加发达的国家开始重视博弈论的研究。我国开始研究博弈论是在 20 世纪 60 年代初期，早期在连续博弈方面做出贡献的科学家有吴文俊、江嘉禾等。此外，国内有众多知名学者为翻译相关文献做出了重大贡献，如高鸿勋、曾鼎禾、王原生等。

2. 联盟博弈的形成动因及其在经济学中的地位

纳什的非合作博弈理论为其后的众多经济学者提供了一个研究的方向。然而，纳什的研究出发点是个人理性，最终的博弈均衡解仅仅能保证理性个人在这场博弈中不会处于劣势。在某些情况下，这种解并不能满足经济人追求利益最大的期望。沙普利以集体理性为出发点展开研究，并提出合作博弈理论的思想即联盟博弈。联盟博弈是指在市场中，两个或两个以上的市场参与者为了追求利益最大化而组成联盟的彼此之间的博弈现象。与非合作博弈相异的是，在联盟博弈中，除了要求集体理性外，这种博弈方式还有一个特点：要求信息的完全和对称性。或者说，当信息的完全对称性指标越高，该种联盟越稳定持久，进而所能创造的收益也会更大。联盟博弈的最终结果表现为：在不侵害他人利益的前提下，联盟中的参与者不可能通过其他方式获得比当前更高的收益，并且在此条件下联盟中的参与者收益最大。

2012 年经济学诺贝尔奖获得者埃尔文·罗斯亦对此给予高度的评价，并称沙普利的联盟博弈是经济学博弈论研究上的一个里程碑。

3. 联盟博弈面临的问题

众多博弈论尚未研究一些基本问题在什么形势下进行均衡分析是恰当的，如果在某些形势下不适于进行均衡分析，可以采取什么替代方式，若均衡分析是适当的，其原因何在，若均衡分析恰当，分析结果表明，存在多种均衡状态，应怎样在众多的均衡中选择。应用博弈论进行分析，必须有既定的博弈规则。这些博弈规则从何而来，它们怎样形成并且逐渐演变，等等。研究具有有限理性以及借鉴性的个人如何采取行动能在一定程度上理解为什么我们着眼于纳什均衡以及均衡分析。至于什么是有限理性，是指主观上合理，但客观上受到限制的行为。博弈论的进一步发展需要解决上述问题。

（二）开展农产品供应链联盟的动因分析

1. 产能高速增长

据《中国农业统计年鉴》的数据显示，中国农业总产值从 1979 年到 1989 年，仅 10 年的时间，就增长了 1.88 倍（按可比价格计算）。随着产能提高，相应的问题也随之而来。改革之前，中国农业一直处于疲软的产出状态，供给尚能跟上需求，而改革之后，似乎出现了结构过剩等问题。目前，国内市场正逐步向国际开放，在一个竞争更加激烈的环境中，国内农业面临着机遇与挑战。

2. 现存农产品供应链结构中的四大矛盾

（1）小农户在农产品供应链中处于不利地位。家庭联产承包责任制的改革虽然推进了中国农业生产力的飞跃性发展，但是也留下了耕地规模细碎化、地权分散化等后遗症（何秀荣，2009）。

（2）小农户难以应对巨大的市场风险。农产品，特别是生鲜农产品，具有易腐性、季节性、生产区域性、产量不稳定等特点，其市场价格是容易出现波动的。再由于中国农产品市场调节机制还不健全，价格调节具有严重的滞后性，分散的小农户容易受当期价格信息误导，盲目地制订下一期的生产计划，加剧了农产品市场价格的周期性、大幅度波动（刘晶等，2004）。

（3）农产品价格持续上涨导致消费者利益受损。进入21世纪以来，农产品价格整体呈加速上涨趋势。特别是生鲜果蔬类农产品价格总体上有较大幅度的上涨，据中国统计局数据显示，2010年，鲜菜的消费价格比上年上涨18.7%，水果上涨15.6%。推动农产品价格上涨的主要原因之一是流通成本上涨，当前流通成本在果蔬类农产品消费价格中占的比重最大，据农业部信息中心2010年统计资料计算，在蔬菜产品零售价格中，蔬菜产地到批发市场的流通成本占36%，市内流通成本占33%，流通成本总共占到69%的比重。中国农产品流通过程中环节过多，流通成本较高，特别是在“最后一公里”农产品价格飙升，导致市民“买菜贵”。

（4）食品安全问题导致消费者信任缺失。近些年来，中国食品安全问题日趋严重，三聚氰胺事件、毒豆芽事件、“瘦肉精”事件等食品安全事件层出不穷。这些事件增强了消费者食品安全风险意识，也导致消费者对中国农产品的质量和安全性的信任缺失（周应恒，2011）。

（三）农产品供应链联盟模式收益分配探讨

在中国农产品市场中，供应链的基本模式是“农户—中间商—零售商”，供应链的历史演变过程如下：由“农户—消费者”模式，变为“农户—中间商—消费者”模式，接着是“农户—批发市场—零售商—消费者”模式，最后发展为今天的“农户—农联组织—零售商—消费者”模式。

1. “农户—消费者”模式

我国早期的农产品市场中，供应链的最早模式就是“农户—消费者”模式。在当时的市场中，农户想要销售农产品，或者消费者想要购买农产品，都是在一个相对集中的集市内，在一个固定的时间点进行相互交易。在这种模式下，农产品供应者自行将农产品运往集市进行销售，而消费者也自行前往集市进行购买。

2.“农户—中间商—消费者”模式

这种模式出现的时间比“农户—消费者”模式略晚一些，当时的市场尽管仍然不健全，但相对上述市场而言较为成熟。此时的农产品交易活动有固定的场所，通常不受时间、天气等因素的限制。具体表现为米行、粮食用品店铺等。这些在现在看来可以称为零售商，而他们的货源则是由店铺自身去农产品生产区域收集或由农户负责运输至店铺中。

3.“农户—批发市场—零售商—消费者”模式

这种模式在中国出现的时间则相对较晚，批发市场在中国的发展历史也不过几十年。在这个阶段，一定区域内出现了一处或几处的批发市场供大量的农户输送农产品。不过可惜的是，国内有关批发市场的法律监管不健全，存在诸如质量安全、偷税漏税等各类严重的问题。而且由于监管不全面，在农产品这类刚性需求高的商品市场中，国家无法有效控制其运行，出现了农户由于较低的收购价格而蒙受损失，而消费者因较高的市场价格而遭受损失的现象。

4.“农户—农联组织—零售商—消费者”模式

这种模式也是国际上十分流行的模式，诸如美国、日本等农业科技水平较高的国家皆采用这种模式，但是这种模式在中国并未大范围推广。在这种模式中，上述传统的批发市场被农联组织所替代，农联组织是代表农户利益的农产品集散组织，这种组织可以极大地发挥规模经济效应，有效地降低单个农户在市场中因信息不对称而增加的销售成本，从而保证农户的正常收益。此外，组织化更有利于国家相关法律法规的监管，维护社会安定。

从经济学的角度看，农产品供应链企业间联盟关系能否形成和稳定在很大程度上取决于供应链利润的分配制度，焦点在于由于供应链联盟的存在而多产生的高于各单位单独经营获得的利润，这部分利润的分配是整个利润分配的关键。这里有两个重点：一是核心企业作用，核心企业就是整个供应链联盟的盟主，核心企业存在有利于成员间达成合作协议，降低交易成本，提高供应链的运行效率；二是建立正确的利益分配原则和建立有效的分配机制。

第三节 农超对接和农产品流通效率的基本理论

一、农超对接模式

（一）农超对接模式及其特点

农超对接是超市和农户或农民专业合作社签订协议，建立起由农户、农民专业合作社向超市直接供应农产品的新型流通模式。农超对接模式跨越了经纪人、产地批发市场、销地批发市场等中间流通组织，降低了流通成本、销售成本和资金的时间成本，为高品质的鲜活农产品快速安全地进入超市搭建了平台。其实质是形成供产销一体化，以终端消费需求来引导生产，将现代化采购、物流、冷链、质量追溯等系统应用于农业经济，实现生产与销售、农户与市场的直接对接。其流通模式如图 1-3 所示。

农超对接作为新型的农产品流通模式，与传统模式相比，有其鲜明的特点：

第一，利益双方具有合约性。农户以及农民专业合作社通过自愿选择，与超市签订合同，建立长期或短期合作关系，双方必须在合约规定的范围内进行交易活动，严格遵守协议。合约任何一方有违约行为，违约方需按照合同条款进行相应赔偿并终止合作。这种合约关系也会导致

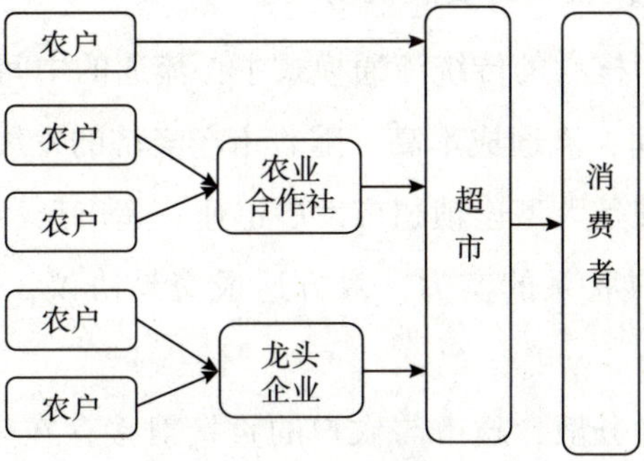

图 1-3 农超对接模式

合作的不稳定性，在合同到期时，双方会根据市场需求和产品价格等因素更换合作对象。

第二，以市场需求为导向进行生产。超市可以根据市场销售情况对农产品需求进行统计预测，将需求信息传达给农户、农民专业合作社来引导生产，使生产活动有重点有计划地进行，避免盲目生产。

第三，整个过程具有较高的技术要求。农超对接的主要对象是生鲜农产品，一般来说，为了消费者的利益，国家对于生鲜农产品的质量安全有很严格的要求，因此这种模式下对生产、物流、冷藏、仓储、管理等方面提出了更高的技术要求。在生产、运输、储存的过程中需要专业的生产加工车间、冷链技术以及先进的物流设备，以保障农产品的质量安全和鲜活度。

第四，合作双方具有互补性。农超对接模式中，超市、农户以及农民专业合作社各自具备一定的优势，超市处于供应链的销售端，与广大的消费市场直接联系，具有很强的市场销售和管理能力，且拥有信息采集和预测优势，而农户和农民专业合作社处于供应链下游，具有土地和劳动力的雄厚资源以及生产能力的优势。在农超对接的合作中，超市将精力更集中于市场销售，农户与合作社更专注于高品质产品的生产，双方各司其职、优势互补，实现合作共赢。

（二）农超对接模式的发展机制

在以中间商为核心的传统流通模式中，流通的中间环节大约占整个交易的35%的利润，流通成本高。随着市场经济的发展，近年来超市规模日益扩大，尤其是大型连锁超市发展迅速，超市已经具有跨越中间流通环节直接与农户联系的实力，双方达成交易协议，形成了“农超对接”的流通模式。

由于农户较为分散，超市与农户的直接对接存在较大的不稳定性，逐渐出现了农民专业合作社，合作社不仅能够组织管理农户又可以对接超市，形成“农户+合作社+超市”的形式。超市会根据市场需求将信息传递给合作社，合作社经过信息分析组织农户生产，在这个过程中，超市会对合作社进行一定的监督，把控农产品质量。此外，逐渐地也会有超市将非核心业务外包，与第三方企业签订协议，委托其对农产品生产、加工、包装等过程进行组织、监督和管理，这种形式被称为“农户+龙头企业+超市”。这种形式下，龙头企业在经济实力、运营管理方面优于合作社，能够实现标准化、专业化、合理化的第三方管理，同时，超市也会对龙头企业进行资金和技术上的支持，加大监督力度，以实现更优质的农产品供应。

一般情况下，在超市与农民专业合作社合作初期，超市会对合作社投入较大成本以实现稳固的对接和监控，收益也会相对较少，在合作稳定后超市会逐渐降低成本，所以后期收益会更加突出。

二、农产品流通效率

在经济学中，效率是指一个生产过程中产出与投入的对比关系。农产品流通效率是衡量农产品流通的整个过程中流通产出与流通投入的对比关系。其中，流通产出是农产品流通过程中各种直接间接产出的总和，也就是流通各环节附加价值的总和。流通投入是农产品流通过程中所消耗的各种要素成本和交易费用，包括土地、劳动力、资本等要素成本及管理费用、运输成本、税收费用等。

三、农超对接模式主体及流通效率分析

（一）农户

我国农民数量众多，农业生产处于分散状态，没有形成规模优势，长期以来农民在农产品流通中一直处于弱势地位，大部分利益被中间商和销售终端所占有。在农超对接模式下，农民处于生产端，是模式的源头和基础，其生产技术水平和组织管理经验与农产品质量息息相关。农超对接简化了农产品流通的中间环节，利益在供应链中得到重新分配，提高了农民的收益，但与超市相比，农户仍然处于弱势地位，议价能力弱，具有妥协性。自然天气、生产技术水平、组织化程度、信息不充分等因素对农产品流通效率会产生一定的影响。

（二）超市

超市位于农超对接模式的销售端，在整个供应链中起核心作用。一方面，超市凭借在资金、技术、管理、人才等方面的优势，超市能够对农产品的生产、加工、运输、管理各环节进行有效控制；另一方面，超市直接面向广阔市场和广大消费者，能够及时掌握市场需求及价格信息引导生产调整规模。现阶段，超市处于主导地位，决定着农产品的终端定价，对农户有较强的议价权。如果出现超市在与农户或合作社的合作中对接不紧密，技术支撑不足、信息服务不完善等问题，会直接影响农产品的流通效率。

（三）消费者

在农超对接模式中，消费者是最重要的一环，是农产品销售的终端。消费者对农产品的需求程度是影响农超对接模式发展的重要因素。消费者的购买行为使得农产品生产流通及农超对接模式建立变得更有意义。随着人们生活水平的提高，消费者对农产品的种类、营养性、新鲜度都提出了更多样化、健康化的要求，这种市场需求对超市和农户至关

重要，超市需要及时关注市场动向和需求变化，根据消费者需求引导生产和供应，不断满足消费者的多样化和个性化需求。同时，在某些特定情况下，如促销，超市也会引导消费者观念，引领需求导向。消费者对农产品需求变化的引导作用，也会影响农超对接成员的行为及流通渠道间的协调。

（四）流通效率分析

除了各主体本身的技术、管理、信息等因素，农超对接中对农产品流通效率影响最关键的是各个主体成员间合作程度。超市、农户、合作社或龙头企业之间的相互配合与协调在流通过程中十分重要，如果相互合作效果很好，流通效率也会很高，收益会远大于投入，如果配合不紧密，流通效率则会降低。

第四节 国内外研究现状

在首都农产品市场供应链中，农户的主要经济来源是农产品的出售收入，而随着经济的发展逐渐走向集中化，规模经济的优势逐渐得到各界的广泛认可，更多的北京市范围内的农户开始大批量地向批发市场输送农产品，这种方法确实能够在原来市场摆摊出售的基础上提升一定的收益。但是，这种方法会产生比较高昂的市场交易费用。譬如，农户个体需要独自在一个庞大陌生的市场中搜寻筛选对自己有用的农产品价格信息和消费者的需求等信息，这些无疑是低效率的。农业产业化经营是继家庭联产承包经营之后的一个农业上的重大创新，自 20 世纪 80 年代中后期开始，农业产业化的快速发展为农户选择供应链联盟模式提供了多种选择。在利用调查问卷法和沙普利值法帮助农户选择出适合的合作伙伴之后，农户可以取得比其单干时更高的利润，但合作的过程中会存在许多不确定的因素影响合作的进行，其中最大的影响因素是供应链上成员间的利润分配，合理的利润分配能够维系农产品供应链的高效运转，不合理的利润分配可能导致合作关系的恶化甚至破裂。学术界和农户都在积极探寻对农户来说最适宜的农业供应链联盟模式。

本书的研究，一方面，通过问卷调查得出最佳农产品供应链模式，为北京市农户在最佳合作伙伴选择和最优农产品供应链模式参与上提供参考；另一方面，将拓展联盟博弈在现实社会中的研究领域，使联盟博弈的研究从理论层次研究向实践操作层次研究延伸，从自然形成的农产品市场结构的研究向人为构建稳定的市场的研究拓展，使现实农产品市场因环境不断变化所引发的某些问题与联盟博弈的效用机制结合起来，有利于形成面向农产品市场的优化理论实践研究成果。

一、国外研究现状

Mighell 和 Jones（1963）率先提出农产品“纵向协调”，是对农产品供应链联盟最早的研究。他们提出农产品供应链联盟包括农产品的生产、加工、储存与运输和农产品销售等一系列完整的流通活动。联盟采用纵向一体化、合同制和市场价格体系等方式连接起农产品的供应者、批发商、加工商及最后的终端消费者。首次提出纵向协调之后的关于农产品供应链联盟的研究基本上集中在下面几个角度：

（一）农产品供应链联盟的纵向协调和纵向一体化角度

Boehlje 和 Schrader（1988）提出，链条的纵向协调已经替代了农产品市场，成为食品供应链新的讨论重点。例如，对实施整合的主体及链条纵向整合的限制因素的研究。两人认为协调好农产品加工商、生产商、农资供应商之间的关系是提高整体供应链效率的核心。Frank 和 Henderson（1992）指出，农产品供应链中的垂直协调是学者们研究的重点，垂直协调有正式的契约协议来维持协调，也有非正式的契约协议，涵盖了从生产到销售整个农产品流通过程的所有交易方法，在供应链相邻阶段发挥着连接作用。Batt，Purchase（2007）认为，人们应该把关注的焦点从简单的农产品市场转移到农产品供应链的纵向协调上来，即为了提高农产品供应链整体的运营效率，人们应该更加重视协调和维护农产品生产者以及农产品加工商之间的关系。

（二）农产品供应链联盟模式的构建和资源整合角度

LizHall，Ryan（1998）提出，应不断对农业供应链联盟进行创新、改进和整合，保障农产品从农户到消费者的有效传递，提高终端消费者的满意程度。Taylor（2002）在分析了供应链联盟构建和物流运营在实际运行中遇到的问题后提出了构建核心企业主导的横向组织化、纵向一体化的供应链联盟模式。Woods（2004）提出，农产品供应链联盟的目标是为了提高整体利益，需要监督控制运营过程中的所有环节，在整合联盟伙伴优势资源的基础之上提供优质农产品来应对市场多变性和终端需求的多样性。Ramaswami（2011）站在农户的立场提出，相关农产品合作组织或企业的建立能够有效降低农户的生产风险，便于农产品生产者迅速进入市场，从而获取更高的利润。

（三）从信息和技术的角度来研究其对农产品供应链联盟的重要性

Hau L. Lee（2006）等认为，企业实施供应链管理的基础是实时的、双向的、高质量的、涉及需求和供应的信息，并提出了信息共享的模式。Wout J. Hofman（2013）提出，信息和交流技术对农产品供应链联盟的发展是至关重要的，信息和技术能够增加市场销售额、提高市场份额和增强供应链参与成员核心竞争力。Gavirneni（2012）对容量有限的两极农产品供应链中的库存为研究对象，分别分析了供应链在完全信息共享、部分信息共享和无信息共享三种条件下的不同收益，结果表明，只有实现信息共享，才能使农产品供应链整体成员最大受益。

（四）从契约的角度来研究农产品供应链联盟的利润分配

Cachon（2001）综合阐述了多种契约模式，包括价格折扣契约、收益共享契约、数量承诺契约、回购契约、数量弹性契约以及期权契约等，并为后来学者们运用契约模式来研究农产品供应链利润分配方面提供了众多参考。Ilaria 和 Pierpalo（2004）建立了一个有着三级供应链的农产品契约模型，并通过契约参数的改变来实现供应链成员之间利润的合理分配，从而使农产品供应链中的合作成员采取统一行动。Ramaswamy Chinthana（2012）认为，农产品供应链上的成员可以利用契约机制进行信息交流，进而推动成员积极参与物流运营，提高总体供应链运营效率达到多方共赢。在实际中进行利润分配时，经常出现无法达到绝对公平结果的原因是成员间时常进行相互竞争。

（五）从博弈论的角度来研究农产品供应链的利润分配

国外的学者主要运用 Stackelberg 模型、Shapley 值法以及核仁法三种方法对供应链上的利润进行分配，具体的研究包括：L. S Shapley 教授（1953）提出了 n 个局中人合作的利润分配方法，并且得到了广泛的应用，对如今的多人合作利润分配具有重要的参考价值。沙普利值法可以被用来解决供应链合作的利润分配问题，但需要理解的是，Shapley 值并不是一个确定的值，而是根据各局中人在联盟中做出的边际贡献所得到的期望收益。Satyaveer S 和 Chauhan（2004）两人研究了农产品供应链中的零售商和生产商，批发商和零售商之间的利益分配模型，研究结果表明，风险、投资比例这两者和收益成正相关关系，双方各自承担的风险和投资比例越高，双方所得的利益越高。Dablanc Laetitia（2010）对供应链利益依据核仁法进行分配处理，通过目标决策等量化方法确定主导因素，实现农产品供应链增值利益更加科学、合理的分配。Eberhard Feess（2014）认为，有效的分配方案能激励成员扩大参与农产品供应链的资源投入，并指出企业占有的地位因素会直接影响其利益分配额度，非核心企业在承担了同样风险的前提下应获得一定程度的利益补偿，以提高企业参与合作的积极性，但缺少具体的案例实证分析。

二、国内研究现状

陈贻设（2003）提出以战略联盟的方式来突破农业发展困境，在国内最早主张将战略联盟应用于农业领域，主张农户和企业结成战略联盟来提高农业的效率和竞争力。我国对农业供应链联盟方面的研究成果集中在以下几个角度：

（一）农产品供应链联盟协调角度

杨金海（2007）从系统科学的角度定义了农业供应链协调，从微观与宏观两个角度对农业供应链协调进行了分类，并详细分析了农业供应链协调性的主要影响因素，他认为利润分配机制、契约与激励机制制约着供应链协调的运作。但斌（2008）在构造保鲜度递减函数的基础上分析了两级易腐农产品供应链协调问题，结果表明，考虑农产品价值消耗的集中式决策无法使易腐农产品供应链达成协调。刘卫华（2012）建立了供给模型来研究易腐农产品三级供应链协调机制，探讨了各成员的集中和分散决策对农产品供应链运作效率的影响，并且从生产技术、供应链组织及流通三个角度给出了政策建议以提高效率。王道平（2012）对产出不确定情形下的二级农业供应链协调问题进行了研究，综合算例与理论以验证分担风险契约能够对农业供应链的协调发挥促进作用。农产品的质量和产量受到无法控制的气候和可以控制的生产商的努力程度两个因素的影响，因此但斌等（2013）建立了考虑主观努力程度与客观气候条件的农业供应链利润分配模型，他们认为恶劣的天气会降低生产商的主观努力程度，恶劣天气通过同时影响产量及质量的双重效应来进一步影响农产品销售商。并且，但斌等设计了一个与气候条件相关的组合式契约，在该契约下农产品供应链的协调状态不会受到恶劣气候的影响。

（二）农产品供应链联盟信息共享及信息系统构建角度

房丽娜（2009）从四个角度分析与研究了农产品供应链的信息管理，分别是信息的失真、传递、共享及风险，在构建农产品供应链信息流的模型基础上研究了农业供应链信息管理。周数华（2011）依托连锁超市的 VRM 系统、ERP 系统构建了大型超市农业供应链的信息管理系统，将农产品从生产到销售全过程的全部信息纳入集成的信息系统管理中，促进连锁超市发掘第二利润源。毕凤玉（2012）认为，尽管我国农产品企业众多，但供应链信息机制不完善导致信息无法在成员之间有效沟通。而且供应链各参与主体的信息化程度不一致，彼此之间缺乏信息共享的平台。张浩等（2013）研究指出，在农业供应链相关研究中，获取难的几类信息是需求与种植数量信息、需求质量与规格信息、储存时间、产品定价与上市时间信息。其中满意度最低、获取难度最大的信息是产品定价。销售阶段是农产品供应链中满意度最低、获取难度最大的阶段。张菁（2015）认为，农产品供应链参与主体之间的信息共享需要一定的协调机制来对其信息共享更有效的实现做出保障和激励，提出了以物联网为代表的信息共享下三级农业供应链来保证信息在供应链之间的流通与共享。

（三）农业供应链运作模式的构建角度

谭涛和朱毅华（2004）提出了两种核心企业主导模式，物流中心主导的农业供应链模式和加工企业主导的农业供应链模式。马林、沈祖志（2004）提出在横向上建立策略联盟，在纵向上运用互联网技术优化农业供应链，主张建立批发商主导的供应链和面向市场的农业产销联盟。李晓明（2006）认为，我国农业联盟模式还是应由农民合作组织与龙头企业领导，通过合作社将生产者农户与加工企业合作，构建以加工与配送为中心的农业供应链。胡定寰（2006）提倡采用“农户+加工企业（合作社）+超市”的新型农业联盟模式，通过加强管理全供应链过程来保证农产品的质量。贺晓伟、赵庆帧（2011）从期权理论入手，提出了期权+农户+农民合作社+企业的崭新农业供应链模式。赵晓飞（2012）认为以前的农业供应链模式不足之处较多，提出现代新型农业供应链体系的构思：以渠道为中心，以信息化为基础，以组织为支撑，以安全和服务为保障来实践农业供应链。陆杉（2012）指出，供应链的高效运作，需要在超市、生产企业和供应商等之间建立和完善信任体系，减少甚至消除成员通过欺骗而获取收益的可能性，成员之间的相互合作与信任能够降低农产品供应链总成本，提高供应链整体运行绩效。苑鹏（2013）从农户福利的角度，认为农户作为主体，在参与的纵向一体化的模式下，农户才有可能获得理想的福利。刘助忠和龚荷英（2015）提出通过建立农业供应链云平台，整合需求、供给、零售、物流和金融到云平台上，通过借助线下及线上服务网点为消费者提供满足其需求的终端服务，实现集大量生产者、消费者为一体的大联盟来解决农产品流通中的主体分散、供应链断裂等问题。

（四）农产品供应链模式的评价及选择角度

蔡荣（2011）对山东省农户进行了问卷调查，收集数据对“农户+合作社”模式对市场交易费用和纯收入的影响进行了研究，结果表明“农户+合作社”联盟模式可降低农民市场交易费用，增加农民收入。施晟（2012）利用在山东、海南和浙江的调查数据发现在“农户+合作社+超市”模式中，农户、合作社和超市三者的有效合作极大地增加了西兰花的市场价值，在研究过程中发现农户销售渠道的选择显著影响着亩均西兰花净收入。选择卖给合作社且合作社卖给超市渠道的农户获得的西兰花净收入，不仅高于不通过合作社销售两种销售渠道的农户获得的净收入，而且高于选择卖给合作社，但合作社未卖给超市的农户纯收入。

（五）从博弈论的角度研究农产品供应链联盟的利润分配

郭丽华和张明玉（2006）分析农业供应链中参与主体的努力水平、收入水平和能力，认为供应链参与主体的努力水平与能力取决于供应链合作利润的合理配置，农业供应链运作的效率受制于能力与努力水平。赵晓飞和李崇光（2008）运用博弈论中的沙普利值法讨论了供应链联盟中的利润分配，建立了信息不对称条件下的农业利益配置模型，并且提出了供应链利润分配具体的分配方法。夏春玉和薛建强（2008）对不同主体间的利润分配模型进行了对比分析，并详细讨论了不同联盟模式对农户收入的影响，证明了“农户+龙头企业”产业化模式可以产生更高的利润，但不足以激励二者一定参与该模式，而“龙头企业+合作组织+农户模式”效率更高，增强了农户讨价还价的能力和增加了农民收入，对三者参与到供应链中有最大的激励。陈婷婷（2012）分别构建了二级和三级农业供应链模型，得出了供应链成员进行合作的必要性。同时利用Stackelberg模型分别求出了二级和三级供应链中各成员的分配利润，结果表明，三级优于二级农业供应链。卜祥龙（2012）建立了以加工商为核心的供应链的利益配置模型，运用博弈论解释了各参与主体的利润在合作分配系数变动的情况下的变化。针对合作分配系数增大会导致非核心成员利润减少的现象，提出了改善方法促进了农业供应链稳定长久的合作。梁鹏（2013）利用联盟博弈中的沙普利值分析了供应链联盟的利益分配机制，发现“消费者—零售商—农联组织—农户”是最佳供应链联盟模式。李岩（2015）对长春国信“社稷尚品”有机农场供应链运营进行了实地调研，取得了有机农产品供应链利益分配的基本数据，运用修正Shapley值模型，实证地将国信“社稷尚品”有机农场供应链先后两个利益分配方案进行了对比，明确了运用修正了的沙普利值法更加合理和科学。

（六）从契约与合同的角度分析农产品供应链的利润分配问题

寇莹（2007）选择收入共享契约来配置供应链的利润，研究表明，最正确的选择是考虑供应链整体利益的最大化，追求供应链整体利益最大化才是所有成员最佳的选择，并通过收入共享的合理配置增加零售商与供应商的分配利润，有效地协调供应链。黄祖庆（2008）以闭环再制造供应链为研究对象，分析了差异决策下农业供应链的获利情况，分析结果表明，成员按契约规定先共同寻求整体最高利润，然后按商定的分配比例去分配，是实现参与主体多方获利的有效策略。林略和但斌（2012）研究了共同拥有利润的情况下，农业产品的上中下不同位置的企业间的利润处置问题并得出结论：利润的比例在合理的空间时，上中下的所有企业均获得盈利。

三、文献述评

目前，国内外对农业供应链联盟的研究多数是围绕供应链联盟进行前向与后向的研究，前向的研究包括农业供应链模式的构建、信息与技术对农业供应链联盟的重要性及农产品供应链信息系统的建立。由于合理分配供应链联盟各成员的利益在供应链成员关系调节中的作用越来越关键，越来越多的专家和学者投入供应链利润分配的研究中，即对农产品供应链的后向研究。后向的研究包括供应链的纵向协调和供应链联盟的利润分配，多数的研究集中在利润分配的方法、利润分配的原则、利润分配的机制及利润分配模型构建等方面。利益分配又包含两方面，其一是运用博弈论方法进行利润分配，其二是从契约角度对供应链进行利润配置。其中契约的角度又包括回购契约、收益共享契约、数量折扣契约等，而博弈论的角度也表现在 Shapley 值法、Stackelberg 模型等各方面。学者们的研究都是集中于理论层面，很少有针对实际层面对农产品供应链联盟进行利润分配，因此本书的研究具有实际意义。

对供应链管理问题的研究，国内起步远远晚于国外，起步较晚导致我国对农业供应链联盟问题的探讨也处于初级阶段。我国供应链联盟发展所需要的管理理念和硬件设施与起步早的外国相比相差甚远，仅对供应链进行初步研究、发现问题、提出政策建议。我国的农产品供应链在理论研究和实践运用中都处于初级阶段，现象描述比较多，定量分析缺乏，还有很多研究领域等待探索与开发，如果能够对农产品供应链中存在的问题进行定量分析，则对实践会有很大的指导意义。

第二章　新型农业经营体系视角下农户联盟模式探讨

近年来，随着城镇化、工业化的迅速发展，农村青壮年大量进城，农业劳动力老弱化的问题日趋突出，“谁来种地”成为发展现代农业难以绕开的话题，对此党的十八大会议反复强调构建新型农业经营体系。目前北京农产品市场已经在专业合作社带领下出现销售大户、农业企业等新型经营主体，但这些经营模式存在不可忽视的问题——在农产品交易过程中处于弱势，没有谈价砝码，利润无法保证。所以探索构建新型北京市农户联盟模式，进一步解决“谁来种地”与“谁来经营”等现代农业问题。

本章的研究方向为在党的十八大强调推进新型农业经营主体体系建设下，分析北京市现有新型农业经营主体或农户合作组织现存问题，尝试引荐国内外先进农民联盟模式，充实并完善北京现有农民联盟模式，解决现存问题。本研究对本地区和国内其他地区发展农户联盟模式具有理论和实践意义。

本章重点回答了三个关键核心问题基础上构建四种新型农户联盟方式。问题一，如何培育农民：将农民赋予职业化，吸引青年，重点培训青年专业农民。问题二，如何留住人才：农业高校与专业组织进行对接，留住高端人才。问题三，如何管理联盟组织：协会、农业职业经理、联合社三种模式。在三个关键问题基础上构建四种农户联盟模式：构建农业职业经理人+小规模兼业农户+农业服务体系；构建联合社大管家+各种专业合作社+职业农民体系；构建村农资委+镇农资委+省农资委+国农资委体系；构建综合性农民组织+农业首都经济圈体系。

第一节　新型农业经营状况及现有研究情况

最近数年来，随着城镇化、工业化的迅速发展，青壮年农村劳动力踊跃进城，农业劳动力老弱化的问题日趋突出，农业兼业化问题不断加重，“谁来种地”成为发展现代农业难以绕开的话题，对此党的十八大会议反复强调构建新型农业经营体系。具体内容概括如下：重点鼓励农民发展专业合作和股份合作，培育新型经营主体，发展多种形式规模经营，构建集约化、专业化、组织化、社会化相结合的新型农业经营体系。核心是要解决好人的问题，通过富裕农民、提高农民、扶持农民，让农业经营有效益，让农业成为有奔头的产业，让农民成为体面的职业，让农村成为安居乐业的美丽家园。

2013 年底召开的中央农业工作会议数据显示，2013 年农民收入结构发生重要变化，工资性收入首次超过家庭经营收入。农业比较效益偏低，增产增收难度大。近年来，我国农业日益显现高成本特征，而农产品价格形成机制还不完善，农业比较效益仍然很低。另外，农民收入中转移性收入和财产性收入占比偏低。其中，北京农民收入结构状态更加明显。据农村住户收支抽样调查资料显示，2013 年农民人均纯收入从四项收入来源看，呈现出“三增一降”的特点。其中，农民人均转移性收入 3446 元，同比增幅最大，增长 32.6%；人均财产性收入 2023 元，增长 17.8%；人均工资性收入 12035 元，增长 11%；只有人均家庭经营收入同比下降 36.8%，人均仅为 833 元。

党的十八大前后，北京农产品市场已经在专业合作社带领下出现销售大户、农业企业等新型经营主体，但这些经营模式存在不可忽视的问题。单个农民合作组织价格谈判能力弱，平价面向消费者很难；缺乏信息和渠道，目前农民合作组织与社区对接的市场铺不开；合作组织之间联盟较弱，物流成本依然很高等。

这些问题的根源在于农户或农户合作组织在市场地位仍然很低。现在北京市农产品供应链参与主体由郊区或城市周边农户或农户合作组织、产销批发市场、龙头企业、大型超市、社区、大型餐饮部门、乡镇农产品市场与第三方物流公司等组成。其中，农产品经过批发环节与龙头企业购销环节为主，占农产品供应量80%，剩余主要经过农超与农超对接。无论是批发市场、龙头企业，还是正在兴起对接的大型超市，它们一般愿意同组织化、专业化、规模化等方面强的农产品生产组织合作，应为这类组织能够稳定提供数量可控、质量可以追溯的农产品，相反，现在是“一堆”小规模农户合作组织或大产户同他们合作，往往出现了上文陈述的问题。他们在农产品交易过程中处于弱势，没有谈价砝码，利润无法保证。

借此思考：现有的农户合作组织出现了怎样的问题？如果构建大规模农户合作组织是否解决现存问题？农户或农户合作组织之间建立何种联盟模式应对农产品市场发展趋势？

本章将系统化分析北京市农产品供应链现状、特征与现问题，尝试引荐国内外先进农民联盟模式，充实并完善北京现有农民合作经济组织。基于北京农产品供应链视角下的农户联盟模式分析，对本地区和国内其他地区发展农户联盟模式具有理论和实践意义：

通过分析国内农产品流通体系、农产品供给情况、农产品供应链等问题，结合北京市具体的农产品供应情况与流通体系，系统总结北京市农产品供应链现状、特征与问题。选择合理的农户联盟模式发展和完善农产品供应链。

通过引荐国内外先进农民联盟模式，一定程度完善和发展现有模式，解决现有模式下存在的问题，对稳定北京市农产品市场价格和农民增收有重大意义。

在国内大力推进现在农业发展和鼓励建设新型农业经营体系背景下，针对国内其他地区具体情况，选择性引进农民联盟模式，对国内农产品市场发展和农民生活水平提高具有推动意义。

农户联盟已经初步在农产品流通模式、渠道创新模式、农业产业化等领域提出，包括农户生产联盟、组织联盟、加工联盟、流通联盟、直销联盟等。但农户联盟模式并没有结合具体地区提出，也没有具体结合实例分析模式。同时，在农产品供应链角度下，只是概括强调农户组织化必要性，并没有分析如何建立农户联盟。因此，需要结合某地区发展状况与趋势，具体集合实例分析农户联盟模式。对其他地区促进农户联盟有参考性。

第二节　国际国内先进农户联盟模式探究

一、国际先进农户联盟模式研究

（一）爱尔兰奶农

合作社由奶农自愿加入，负责收集各个散户的原奶奶源并进行质量检验。比如，抗生素含量或肺结核等流行病检测，再将合格的奶源进一步加工制成基粉等原料，然后交给奶制品企业进一步加工。

合作社还对奶农进行培训，提供技术支持，比如会帮助奶农规划他们的牧场，究竟能养多少头牛。例如，在当地某实验室，经常会检测牛奶，在装样品塑料小瓶上会贴着各色标签，标注它来自哪家农场。农场主每天晚上会收到当天牛奶检测结果的短信，获得关于牛群的即时资料。

他们使用“平衡计分卡”法评估牛奶的质量并支付奶农报酬。例如，农户所获得的收入取决于奶产品中脂肪含量和蛋白质含量，这两个重要营养素的含量越高，农户所获得的收入越高。

（二）韩国农民协会

农协的全称是“韩国农业协会联盟”，成立于1961年，为了保护农民的利益，韩国农协就一些悬而未决的农业问题向政府和立法团体提出建议以供参考和立法，使农业管理和农业经济的各项政策能合理运转。

韩国农协会成立解决的社会背景：20世纪70年代初，韩国工农业发展严重失调，城市居民和农民的年平均收入水平差距拉大，农村劳动力老龄化严重，农村人口的大量无序迁移等带来了诸多的城市问题和社会难题。这些也是中国农民面临的“谁来种地，谁来经营”的问题。

关于“谁来种地，谁来经营”这方面，韩国政府为吸引年轻人到农村创业，规定了一系列优惠政策。如废除农用耕地购买面积上限，设立农庄法人以大规模耕作土地，扶持农村第三产业，大力发展观光度假旅游，读农业大学基本免费和提供高额奖学金，等等。韩国还从1984年推行建设“农工地区”计划，即在20万人以下的郡、镇所属的农村，选定一地由政府搞好基础设施，以便民间进入区内开办工厂企业。

在流通方面，农协发挥了积极的作用。农民在种植水稻高产新品种的过程中，施用了大量的化肥和农药，农资、建材、家电等物质都由农协来组织提供。随着农村经济的快速发展，农协的规模也迅速得到扩大。

（三）中国台湾农会

中国台湾20世纪50年代建立了农会，乡镇农会在村设立农事小组，所有农民基本加入乡镇农会。通过政府大力扶持，台湾各级农会具有极强的经济实力和调控能力，基本包揽农户产品销售、运输、仓储、加工及包装、品牌、质量把关，提供贷款、保险、农事指导、家政改进四项服务，承接政府委托的补贴发放、项目确定及实施、贷款贴息、粮食收购加工保藏、军事单位食品供应等事项。

中国台湾各级农协会全方面指导农民生产、生活：

一是各级农会建立了大量的批发市场、专业市场、直销中心、超市、配送中心、加工厂，农户生产的鲜活农产品主要通过批发市场来交易。

二是乡镇农会下设的农事小组作用大。台湾乡镇农会均设有农事小组，一般以村和产业设置，主要承担技术推广和产品销售服务两项任务，其中的农产品产销班专职负责农产品的收购、分级、包装、运销等各类产后业务。

三是农会统一品牌销售，严格质量检测。各农会都有自己的注册商标，有产品质量标准，并有对会员的产品质量把关和是否贴牌的权力。农会还统一进行农产品品质安全检测，发现品质问题，严格追溯责任，并予以处罚，有效地确保了农产品的质量安全。

二、国内先进农户联盟模式

（一）上海农村集体经济组织改革发展模式

在20世纪80年代末90年代初，为适应社会主义市场经济体制需要，上海市近郊普陀区长征镇红旗村、闵行区虹桥镇虹五村等在全国率先实行了村级集体经济股份合作制改革，将集体资产以股权形式量化到人，并按股进行收益分配。此外，上海也在全国率先实行以农龄为集体经济组织成员参与资产处置、入股及收益分配的依据。

随着改革形式不断拓展，村级集体经济股份合作制不断深化。由存量折股型为主，逐步丰富为存量折股型、增量配股型、土地入股型等多种形式。在登记形式上，由有限责任公司为主，逐步发展到社区股份合作社，并正在探索社区合作经济组织等登记形式。在改制层面上，由村级集体经济改制为主，逐步拓展为村联合改制、镇村共同改制、镇级改制等多层面改制。

根据相关数据统计，全市改制后的村级新集体经济组织，2011 年分红 3.38 亿元，人均分红 4240 元（2010 年分红 3.0 亿元，人均分红 4084 元），增长 3.8%。这种分级联盟方式有效增加了集体经济组织成员的收益。

（二）安徽省抱团闯市场——省级联合社

新型农业经营主体通过产前、产中、产后各环节深度融合，延长产业链条，放大规模效应，提升了市场竞争力和抗风险能力。目前，安徽农民组织化程度已达到 25%。

全国首家省级联合社——安徽徽润农民合作社联合社：在短短一年半时间内，发展成员合作社 352 家、社员总数近 30 万人，带动农户 70 万户，发展种养基地 18.76 万亩，他们通过抱团闯市场，成功打造出农产品直供直销的“绿色航母”。

（三）崇州市农业职业经理人

“农业职业经理人，通俗地讲，就是土地股份合作社聘请的 CEO。”崇州市委常委陈鑫介绍，这是借鉴了现代企业的管理模式。合作社按照《章程》选举理事会、监事会，对职业经理人的生产收支、分配进行管理监督。

陈鑫介绍，地里要种什么并不是职业经理人一个人说了算。记者查看了多个合作社与农业职业经理人签订的协议，很重要的一条就是“职业经理人只能开展水稻、小麦、油菜、蔬菜等粮经作物。

崇州市农发局在 100 名农业职业经理人中组织了一次收益情况专项调查。结果显示：100 名职业经理人 2012 年的收益情况从 0.5 万元到 6 万元不等。分析发现，职业经理人收益结果的不同与多种因素有关：土地规模、种植技术、管理水平等。他们普遍对自己的收入预期乐观。随着入社土地的增多，土地更加规模连片，生产成本会大幅度降低，而且随着自身生产技术、环节管理等经验的积累，未来的收益还有很大上升空间。

在与合作社的约定框架内，农业职业经理人将以市场为导向做出选择。政府有关部门将更多精力投向具有公共产品性质的、有发展潜力的、符合宏观发展导向的主体和领域。例如，将高标准农田建设项目资金向土地股份合作社倾斜，不仅能有效改善合作社的生产条件，也避免了项目在实施中因为土地产权分散所带来的障碍，因为通过合作社土地已经相对集中。

（四）齐齐哈尔市克山县仁发现代农机合作社

齐齐哈尔市仁发合作社成员数量由少到多、经营规模由小到大、经济实力由弱到强，成为黑龙江第一个现代农机合作社示范社。这种农民组织以土地入社为核心，以现代农机为载体，以生产合作为纽带，发展规模化、组织化、社会化大生产，转变了农业发展方式，成为农村先进的生产力代表，找到了家庭承包经营基础上实现了农村改革发展二次飞跃的有效途径，是一个民主规范办社的典范，也是一个创新高效的合作社典范，值得在全国借鉴推广。

农机合作社成功帮助农民创收关键点在于三个方面：

首先是社内坚持实行一人一票的民主管理和民主办社机制。坚持依法治社，实行入社自愿、退社自由，不按出资额表决，一人一票，赋予每个成员同等民主权力，重大事项都由理事会“拿点子”或其他成员提建议，再提交成员代表大会集体讨论通过，由监事会全程监督执行。

其次是平均量化国家补助形成的资产，将其收益平均给当年每个成员，切实保障了每个成员的合法利益。国家投资收益平均量化，不仅增加了成员收入，也放大了国家农机购置补贴政策效应，例如国投农机资产 1234 万元，平均到 2436 户，每户占 5066 元就实现了全程机械化，而补贴散户最高可补到 20 万元也实现不了全程机械化。与补贴散户相比，国家补贴惠及面扩大了 40 倍。现在虽然合作社成员增加，国家补贴分给每个人的收益“摊薄”了，但由于规模效益逐步显现，个人收益未减反增。

最后是坚持做到未分配盈余始终为零，真正实现了合作社与成员之间清晰的产权关系。合作社实行资产联合所有，财产是全体成员的，每一分钱都体现在成员身上，成员与合作社形成利益共同体，当年获得的盈余全部分配。因为如果当年分配有剩余盈余，当年入社成员的利益将受侵害；如将剩余盈余转入下一年，新入社成员分享上年成员的利益，使上年的成员吃亏。

（五）绿联会：联合社的“大管家”

往往农户、合作社各自为政，限制了种植的规模化、产业化，导致市民在市区“只闻其声，不见其‘菜’”。作为合作社的“管家”，崇明市绿联会的出现改变了这一困局，不仅指导大家根据“订单”种菜，壮大产业规模，还打通了在市区的销售渠道，为合作社省去了自销的麻烦。

绿联会成立 5 年来，会员单位已发展到 124 家，涵盖崇明县内粮食、畜牧、水产、蔬菜、水果等产业中的骨干农民专业合作社和农业企业，成为生产与市场、农民与市民之间的桥梁和纽带，努力解决“农户卖菜难，门店缺货源”的矛盾，致富农民，实惠市民。

（六）青年联盟：助力农户增收

山高、路远、村落分散，地处浙江庆元东北的张村乡，属于典型的欠发达乡镇。2015 年底，张村乡政府的 14 名“80 后”“90 后”青年干部与返乡从事农产品电商、民宿经营等的年轻人组成了“8090 青年联盟”。“互联网+留守鸡鸭”“无订单的快递员”等帮扶计划应运而生。从蔡川村开始，成员们挨家挨户摸底调查农户意愿和农产品数量，并尝试将土鸡、土鸭和兔子放到网店销售。“8090 青年联盟”的成员陈支全还单独买了 500 只鸡幼崽、500 只鸭幼崽，免费发放到村里。老人们自愿认养，按照生态方法进行养殖，年底不论大小，按只收购，每只鸡固定价 200 元、鸭子 300 元。截至目前，成员们已帮助乡里近百户农户平均增收 3000 余元。

第三节　北京市新型经营体系视角下农户联盟模式研究

一、成立农产品直采直供联盟

北京市农产品直采直供联盟是由北京新发地农产品批发市场等8家单位共同发起，将实现农产品供应与机关企事业单位、餐饮企业等集团客户的直接对接，预计实现年农产品配送量2亿公斤，交易额10亿元。

农产品直采直供联盟，将引入第三方物流和共同配送模式，通过共同配送同时满足多家集团客户的需求，由专业的配送服务商提供集流通、加工、配送于一体的综合服务，进而降低物流配送成本；通过开放式的信息服务平台，集成一大批农产品供应商、流通服务商和需求方，形成农产品流通的产业链，实现农产品流通供需双方的规模化对接。

二、合作社（协会）指导下的农户生产联盟

这种联盟模式主要是以农户间共通性和互补性资源，建构产业群聚体系，整合农户间专业化技能、信息和生产设施等关键性资源，以一致性的定位，推动农产品生产技术化和规模化，实质上属于横向渠道联盟。比如，蔬菜联盟、水果联盟、谷物联盟、西瓜联盟等。他们采取共同采购种苗、共同育苗、共同租地、共同采购农药、肥料、饲料、共同采购耕耘机与车辆进行农产品生产。因为农户的分散性和弱组织性，这种联盟应在合作社或者其他农业协会的指导下，遵循积极引导、操作透明，农户自愿的原则进行。

北京地区该农户合作组织特征：特色农产品为主；自愿加社、实验

性；生产、加工、销售、技术培训和科技服务；长期的购销合同；产前一体化供应、产中标准化生产，产后品牌化销售；注册商标。

北京地区该农户合作组织劣势特征：由于整体基础薄弱、人员素质不高、组建门槛较低等原因，合作社内部机制不规范、运营资金与销售能力不足、无法承担市场风险等诸多问题依然普遍存在，整体“小而散”的格局成为合作社发展的桎梏。

三、农业合作组织间形成组织联盟：联合社

北京市延庆县第一家“联合社”——北京北菜园农产品产销专业合作社成立。与以往不同的是，这家合作社的组成单位不再是一家一户的农民，而是由 17 家农民专业合作社组成，它被大家亲切地称为“联合社”。

在联合社带领下，延庆县农业发生巨大改变。首先，农民种出有机菜，申请有机认证。“联合社”组织种植户进行培训、指导，并通过实行种植规划、育种育苗、农资供应、技术指导、有机认证、品牌销售的“六统一”措施对种植户进行系统的农业企业化管理。其次，“农宅对接”开辟销售新模式。网上卖菜受到了很多人的关注和认可，这种农户和居民直接交易的销售模式不仅让居民能够买到放心、新鲜的蔬菜，而且最大限度地减少了蔬菜销售的中间环节，降低了蔬菜销售价格，提高了菜农的收入，形成了又一种“农宅对接”的蔬菜销售模式。最后，“联合舰队”开创多元市场。在农产品产销专业合作社的订购网站上，不仅能买到小丰营村的有机蔬菜，就连其他具有地理保护标志的农产品，如有机五常大米等农副产品也能买到。

虽然联合社带动农民致富，但也存在明显的劣势：基础设施不完善、资金不足、服务方式陈旧等问题。

四、北京大兴搭建合作社发展大平台

据《农民日报》2014 年统计，大兴区 95% 以上的农民对“三农”

贷款存在需求，而经常遇到资金困难的农户占三成左右。同时，大部分的农户并不具备独自的农产品仓库，很多农产品采摘后只能选择立即出货。即使是已经成形的合作社，也同样存在生产经营模式落后、市场培育不足等问题。

为了解决这个问题，北京市大兴区首创了“一会一社一中心”的“大农业模式”，通过创建全区化的农业统一经营平台，将区内的优质农业资源大合并，全区农民抱团闯市场。

农产品产销联合会，可以定期组织专家为农民、合作社成员提供种植养殖等各个环节的技术支持，还将全区的农产品统一准入标准、标识包装，并整合“永定河”“益农”等品牌，打造“大兴农业”的整体区域品牌。

大兴通过统一标准、统一品牌、统一形象、统一平台的农产品“四统一”机制，增加了合作社、农民的合作共赢意识、创新高效意识和市场流通意识。

第四节　基于新型农业经营视角构建北京市农户联盟模式

农户联盟式是连接小农户与大市场之间的桥梁。我们已经了解到，农户的主观意愿以及客观环境两方面的因素会对农民的合作动机产生影响，而其中影响最为显著的就是农民的受教育程度、农产品商品率、农贸市场距离、价格波动水平和生产集中度等。为了能够充分释放农民的合作动机，我们必须在尊重农民主观意愿的基础上，对其进行适当的引导，使他们的意愿成为有效的合作行为。

除以上所提及的因素外，以下的一些因素也影响着农户的合作动机：理性经营行为、利润最大化、交易风险、契约形成的“敲竹杠”现象、集体与个人价值协调性、完善民主制度、善分不善和的传统、组织内部是否形成有效的激励机制与农户身份确定性等。

借此，在谈论应该如何构建农户联盟模式之前，先回答这样几个问题：如何培育农户？如何留住人才？如何管理联盟组织？

一、北京市农户联盟的发展方向

（一）培育农户——青年化与职业化

2013年，农业研究部门省份抽样调查结果显示农业化劳动力的平均年龄已经达到57岁。而农业的现代化在于农民的现代化，低素质、分散的农民无法满足农业现代化需求。所以，我们要加大对于培育青年人的力度。

青年人返乡务农的突出特点。首先表现为规模化种粮。青年人种粮采用了商业化、专业化、规模化的经营方式，即所谓的家庭农场，突破了“一亩三分地”式的传统生产方式。其次是经营管理方面有创新。青年人有过在大城市的工作经历，积累了一些工业或者商业方面的经验，这给他们在经营管理上的创新创造了一定的理论基础。例如，湖南衡阳的刘准创造了一种“分片管理和分项管理”相结合的办法取得了显著的成效。最后是产生辐射带动效应。青年人返乡务农的成功经验会带动更多的同龄人投身于农业领域的创新创业。

青年人返乡务农的原因：一是规模化经营有效益。根据所调研地点的典型案例来计算的种粮利润，安徽繁昌、浙江店口、湖南衡阳三地种粮的亩均利润都在400~500元，按照100亩计算，一年的收入在4万~5万元，高于当地外出打工的平均收入。二是高值农产品生产有前途。随着我国食品消费结构的转型，粮食所占的消费比重下降而肉禽蛋奶菜果等的消费比重却有着明显的上升，消费结构的转型也给相关高值产业的发展带来了机遇。三是农业有潜在的比较优势。对于青年人来说，回乡从事农业生产活动，自己当老板，享有充分的自主性，可以自由安排作物的种植和自身的劳动时间，农业事业的成功可以给自己带来极大的成就感和自豪感；同时，可以发挥自己在相关方面的专长，积累相应的管理经验还有人脉资源，其所积累的资源都得以代代传承，使自己的事业能够不断发展壮大；与此同时，回乡务农，可以常伴家人左右，照顾父母，陪伴子女，一举多得。培育重点是青年人，青年人在工作中寻找一种归宿，如何培育他们，重点是使农民职业化。农民职业化指“农民”由一种身份象征变为一种职业标识，它不同于农民非农化和农民市民化。职业化的农民主要从事农业生产活动，其可以来源于传统农民，也可以是有志于从事农业生产的非农业人士。

虽然我国新型职业农民培育取得了明显成效，但因为刚刚起步，与农业发达国家相比，仍有较大差距。未来我国将有 4 亿~5 亿农民生活在农村，以现代农业及相关产业为生，如果以未来新农村建设需要 1/3 的农民转为新型职业农民来计算，那么，即使到 2020 年我国新型职业农民队伍数量达到 2000 万人，也远远不能满足全国现代农业发展和新农村建设的需要。

目前，各地新型职业农民培育还有一些问题亟待解决：

一是重视程度不足，地方政府支持力度不够。至今，还有一些省份未就新型职业农民培育制定相应的指导性意见，也缺少具体举措。尽管教育部和农业部 2014 年推出中等职业学校新型职业农民培训方案，但因为不能纳入助学和免学费政策范围，此方案除少数省试点外，没有得到全面实施；从各省情况看，目前全国一半以上的省级没有投入专门的农民培训经费。

二是标准化、专业化不足。新型职业农民培育的方式和内容难以满足农民需求。比如，教材教法不适应，针对性不强；职业农民证书缺乏政策支持，没有吸引力；职业农民学历教育通道不畅；以公益性教育培训机构为主，与产业和市场对接不充分；高水平的师资缺乏，实训及创业孵化基地、信息化手段等基础条件薄弱，社会资源广泛参与的机制不灵活，培育精准程度总体不高；等等。

三是新型职业农民队伍人员不稳。部分农产品供给过剩，价格持续走低，农业比较效益下降，农民持续增收压力大，农村劳动力特别是青壮年劳动力留农、务农的内生动力总体不足，新型职业农民队伍发展面临基础不牢、人员不稳等问题。

从顶层设计上进一步支持新型职业农民培育：

为了发展现代农业，实施乡村振兴战略，进一步加大新型职业农民培育时不我待。笔者认为，首先应加强顶层设计。新型职业农民培育要立足长远，明确培育目标、任务、方向和内容，明确资金投入机制，包括中央和地方的投入比例、如何引入民间培训力量等，形成长效机制。

其次，加强规范化培训。充分调研农民需求，根据市场导向，做好培训供给侧内容调整，强化师资队伍建设。可借鉴上海新农民培育转型升级的做法，通过院校化、正规化、系统化、专业化，培育高素质的新农民；要加快乡村互联网建设，加强培育师资队伍建设，提高新型职业农民培育的质量。

最后，利用信息化平台加强培训。充分利用现代互联网、大数据、云平台等信息技术创新新型职业农民培育手段和工具，实现“线上线下”相结合的高效培训模式。

此外，由于不少农民对新型职业农民培训的政策和意义不够了解，应在广大农村大力进行发展现代农业、培养新型职业农民、建设美丽乡村的舆论宣传，使广大农民的思维方式、行为方式以至于生产方式、生活方式主动地从传统农民向现代新农民转变，从“要我培训”向“我要培训”转变。

新农民，新农村，新希望。只要各界共同努力，新型职业农民培育会结出丰硕成果，从而为现代农业发展建立一支具有活力的、可持续的生力军。

（二）留住人才——龙头企业与院校对接

2014 年 1 月 31 日，中国农业大学与市农委及其下属相关龙头企业签署合作协议，约定推进农业科技创新与应用，开展农业人才培养，推进种业之都建设。市委常委牛有成，副市长林克庆参加签约仪式。

根据协议，市农委组织市级以上农业龙头企业与中国农业大学各院所进行对接，围绕产业链各环节开展联合研发，解决关键技术难题，依托农业园区、企业和特色产业村，建设科研实验基地和应用示范基地，建设北京市农业信息“大数据”平台，加快促进北京农业信息化发展。双方共同组织面向北京农村实用人才的培训，积极培育新型农民。

北京建设种业之都，将聚集更多国内外种业企业，也将为种业科研人才创造更多就业创业机会。此次合作将发挥中国农业大学在籽种业的优势，组织籽种专家团队与通州国际种业科技园、北京种子大会、2014 年世界种子大会等加强沟通对接，共同建设“国家种子硅谷”。

另外，双方还将在北京农业基础建设及综合开发、“北京最美丽乡村”等项目上加强合作，努力将中国农业大学打造成为北京“三农”发展的“智库”。

（三）管理联盟组织——农协会、职业经理、联合社

1. 管理模式之一：协会管理，服务型

农业行业协会：是指介于政府、农业企业之间，农产品生产业与经营者之间，并为其服务、咨询、沟通、监督、公正、自律、协调的社会中介组织。

本联盟的性质，在自愿的基础上由从事农产品种植、加工及相关产业的企事业单位组成的行业内联盟组织。在行业中发挥协调、代表、服务、自律的作用，维护会员和行业的合法权益，促进蔬菜产业健康发展。业务范围：技术咨询服务、技术培训、组织国内（外）交流、组

织展览、出版蔬菜信息资料。

农民协会，简称农会或农协，以贫雇农为核心，是民主革命时期在中国共产党领导下成立的农民群众组织，提出了“一切权力归农会”的带有建立革命政权性质的口号——使农民有说话的权利。现在中国农民协会：服务“农村、农业、农民”，推动“阳光工程”建设，为百万农民大转业做出积极贡献！

2. 管理模式之二：聘用农业职业经理人

农业职业经理人是指运营农业领域各种资源要素，运用现代经营管理理念和先进科学技术，专业从事规模化、集约化农业生产经营的组织者和管理者。农业职业经理人在为农民合作社、农业企业或业主谋求最大经济效益的同时，从中获得佣金或红利，是新型职业农民群体中的领军人才，是促进农业规模化、集约化、标准化、品牌化发展的重要力量，是加快推进农业农村现代化的重要引领。作为一名优秀的农业职业经理人，其必须具备的职业素养，一方面要熟悉农业，另一方面需要懂经营，善经营。因此，这对农业职业经理人的选拔提出了一定的要求，即必须具备相当的文化基础，这就决定了农业职业经理人应该从以下人群中进行选拔：大中专毕业生、有一定文化程度和农业生产管理技能的种田能手、有意投身农业事业的城镇居民、复员转业军人和熟悉农业生产经营管理的其他人员。通过选拔的职业经理人将会享受本文件规定的有关的扶持政策，这也给农业职业经理人提供了一定的从业激励。

坚持农业人才的流动性，依托农民专合组织、农业科技创新团队组建现代农业职业经理人人才信息库，及时公布更新职业经理的诚信等相关方面的信息，使得农业职业经理人的动态信息变得可观察，同时构建农业职业经理人的人才市场，通过市场机制优化农业人才资源的合理配置。

农民决定了农业职业经理人合格与否。对于农业职业经理人的考核应该从服务对象、行政管理部门每年对农业职业经理的职业素养、业绩完成情况等方面进行，且以服务对象为主要的考核机制。通过考核的职业经理人的相关信息将会进入人才库，并且得到诚信评定，没有通过考核的职业经理人不能够享受国家的有关优惠扶持政策，但对于由于技术问题所导致的考核不合格的经理人，将有机会重新接受培训和考核。

3. 管理模式之三：联合社大管家

合作社之间的联合能够产生“1+1>2”的效果，能够解决单个合作社所无法解决的发展难题。日前，北京市农民专业合作社联合社成立大会举行，来自京郊的200家农民专业合作社成为首批会员，标志着京郊农民专业合作社实现了质的飞跃，由数量扩张、单打独斗向质量提升、资源整合、做大做强转变。

联合社采取自主、自发、自管、自愿原则，首批200家会员以市级示范社、部分区县示范社和区县联合社为主体，经区县经管部门推荐和各自申请后加入。联合社将通过“五大平台”建设，搭建起政府指导、服务、扶持合作社发展的桥梁，同时将组建一支专业团队，为各会员提供套餐式的“保姆”服务。

综合上述，主要回答了以下三个关键问题：将农业职业化，吸引青年，重点培训青年专业农民来回答如何培育农民；农业高校与专业组织进行对接，留住高端人才来回答如何留住人才；协会、农业职业经理人、联合社三种模式来回答如何管理联盟组织。目前，联盟的基础单位——青年职业农民，联盟的管理模式——协会、农民职业经理、联合社，联盟的发展机制——高校与农业专业组织对接三方面已经初步明晰，那么联盟组织模式构建是最关键的环节。

有关农户联盟文献分析中谈论到国内学者从渠道关系理论出发，提出了建立农户生产联盟、组织联盟、加工联盟、流通联盟、直销联盟等。此外，在农产品供应链下，主体组织化是实现现代农产品供应链体系有效运行的关键，所以现代农产品供应链体系的参与主体必须具备较高的组织化程度。同时，倡导通过组建农民专业合作组织并努力增强其规模与实力来发挥流通主体作用。而农户在供应链中非常重要但又同时处于弱势地位，因此要求有一个能够代表自身话语权、能够维护自身权益的组织，因此农业专业合作经济组织也就应运而生。

（四）农户联盟模式之一：农业职业经理人+小规模兼业农户+农业服务体系

文中提到，现在我国农户呈现小规模、分散化的特点，其工资性收入在很大程度上超过了家庭的经营性收入，也就是说，我国现有农户多是小规模兼业农户。北京“十二五”规划中提到，北京农产品生产呈现一家一户分散性生产的特点，农户经营目标主要是为了满足家庭生活需要，并非是实现其利润最大化，其所具备的知识水平和信息化水平也难以帮助其应对快速的市场需求变化，因此其在市场上并不具备谈判的优势。

农业职业经理人一方面通过加强生产管理，提高产量获得农产品销售的盈利提成，另一方面通过出租农业机械、销售农资，以及向加入合作社的农民提供劳务输出获得收入。

农业社会化服务体系通过运用社会各方面的力量，帮助小规模农业生产单位克服自身弊端，获得规模经济收益，是一种社会化的农业经济组织形式，是提供社会化服务的组织机构和方法制度的总称。

农业职业经理人+小规模兼业农户+农业服务体系这种联盟模式，通过发达的农业服务体系“帮助农民干”，一个电话就可以解决机耕、收获、施肥、撒药等问题，也可以高效解决小规模兼业农户“无力种地”的问题。小规模兼业农户“不知如何种地”的问题，在农业职业经理人的领导下，也不再是一个困扰农户的问题。此种联盟模式，可以有效化解“谁来种地”的困局。专业大户、家庭农场、农民合作社或农业产业化龙头企业的带头人，都是农业职业经理人的重要来源。如图2-1所示。

北京仍然存在大量兼业农户，他们一般会简单种植一些经济型粮

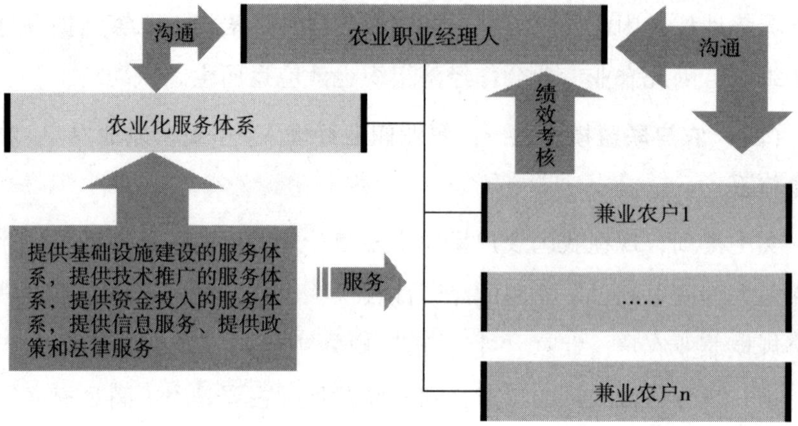

图 2-1　农业职业经理人+小规模兼业农户+农业服务体系

资料来源：作者根据本部分内容作图。

食，如玉米和小麦。在农忙时，他们会离开各自的工作岗位，忙于农业生产，大体生产环节时间点包括播种、灌溉和收割三个阶段。由于一些公共农业生产设施缺乏管理与保护，导致农业生产效率低。例如，用于灌溉的机井经常遭到偷窃，使机井灌溉能力下降，产生“公地悲剧”现象。所以，需要有专业的农业服务体系对公共农业生产设施进行维护。除此之外，为小规模兼业农户提供农产品供应信息、引进收益较高的经济型农产品、提供农机机械租用、联系正规农资采购单位等。虽然北京现存较完整的农业服务体系，但小规模兼业农户往往选择独揽农产品的各个生产环节，不会主动联系他们，导致服务体系效率低，并不能真正服务需要帮助的农户。农业职业经理人在与小规模兼业农户进行沟通的同时，也需要针对农户的需求与农业服务体系进行沟通，真正成为一座沟通小规模农户与农业服务体系的桥梁。兼业农户定期对职业经理人进行绩效考核，内容包括土地规模、种植技术、管理水平等。所以，这些职业经理人要以市场为导向做出选择，增加土地的经营规模，实现规模经济，降低生产成本，在提高农户收益的同时也实现自身的利益最大化。

（五）农户联盟模式之二：联合社大管家+以某种服务为主的农民专业合作社+职业农民——借鉴工业流水线方式

工业流水线即工业生产中需要使用的流水线设备，从产品生产上料开始到加工、包装、最后的下料，在这一系列工程中使用的生产设备都可以称为工业流水线。工业流水线节约了从一个加工环节转向另一个加工环节的时间，降低了转换成本，在长期的生产过程中，提高了自身的专业化和生产效率。

农业生产借鉴工业流水线，使农产品种植、加工、销售等各个环节标准化、规范化，可复制性。工业流水线往往在一个有限的空间里进行，各个环节都是相对独立，并有专业人员操纵。现在农业生产各个环节包括信息采集、农资采购、翻耕土地、播种、修剪与维护、农产品收获、加工包装、农产品营销与农产品运输等，往往由散户或某种产品专业合作社负责各个环节，导致成本高，效率低。但农业不能像工业品制造那样可以在几间厂房里运作，农产品生产、加工、销售往往是跨区域的，分散的，露天的。

将工业流水线方式引入农业生产涉及三个要点：要点一，各个生产环节成为独立体；要点二，各个环节需要专业人员操控；要点三，整个生产要在一个有限的、可控的空间里完成。借此引入联合社大管家+各种专业合作社+职业农民，形成一种新型农户联盟模式。

1. 要点一：联合社——一种平台，作为有限的、可控的空间

截至 2013 年底，全国依法登记的专业合作、股份合作等农民合作社达到 95.07 万家，实有成员达 7221 万户，占农户总数的 27.8%；联合社有 5600 多家，联合会有 2554 家。据农业部的统计，截至 2017 年 11 月底，在工商部门登记的农民专业合作社达到了 199.9 万家，是 2007 年底的 76 倍。目前入社的农户超过 1 亿户，约占全国农户总数的 46.8%。十二届全国人大常委会第三十一次会议 27 日表决通过了新修

订的农民专业合作社法。该法明确农民专业合作社联合社的法律地位，自 2018 年 7 月 1 日起施行。新修订的农民专业合作社法主要在三个方面作了修改和完善：取消了有关“同类”农产品或者“同类”农业生产经营服务中的“同类”的限制；扩大了法律的调整范围，同时以列举的方式明确农民专业合作社经营和服务的业务范围；增加了“农民专业合作社联合社”一章，对联合社的成员资格、注册登记、组织机构、治理结构等作了规定。三个以上的农民专业合作社在自愿的基础上可以出资设立农民专业合作社联合社，依法登记后取得法人资格，登记类型为农民专业合作社联合社。在国家政策的扶持推动下，农民合作社也越发普遍。

现有联合社一般是某类专业合作社一起组建的大型合作社，为某类产品提供市场信息，打开销路。农民专业合作社联合社的建设已经取得了一定的成绩，但还存在一些问题有待改进，比如基础设施不完善、资金不足、服务方式陈旧、产业链条短、服务能力弱等。

联合社作为一个农业产业平台，需要能够满足向外对接的信息采集、农资采购、翻耕土地、播种、修剪与维护、农产品收获、加工包装、农产品营销与农产品运输等各种服务，一站式解决农业生产、加工、销售等各个环节的问题。

2. 要点二：以某种服务为主的农民专业合作社——使农业生产各个环节成为相对独立体

近几年里，合作社呈现虚假繁荣的发展景象。原因在于“大农吃小农”——农民专业合作社对于资本和部门的获利（寻租）具有双重效应，对于资本和部门来说，最有利的选择就是扶持大农（精英农户），压制小农（普通农户），大农主导的合作社的建立，一方面实现了其节约交易成本的目的，另一方面也能够实现垄断收益。这种强强联合形成的利益共谋组织，不会真正去改善合作社内部的合作关系，其对于交易成本的节约作用也是极其有限的；对内往往采取的是“大农吃小农”

的方式——几个大户联合起来，成为最终购销方和农户之间的中间商，低价买进农户产品而高价卖给资本和部门或者低价买进资本和部门的生产资料和技术，再高价卖给农户，从中获取价差。

将生产环节进行分离，可以有效缓解“大农吃小农”的现象。逐渐成立信息采集专业合作社、农资采购专业合作社、农机专业合作社、农产品营销专业合作社等。例如，农机合作社，综合了资本、土地、粮食生产等各种生产要素，尤其是土地股份合作效益好，又符合国家培育新型农业主体的要求。孙中华认为，应该因地制宜发展不同形式的规模经营主体。以手工经营为主、不适合机械化操作的区域，家庭经营优势大。以机械化经营为主的区域，合作社优势更大，也符合农业现代化、生产力发展要求，但要解决好机制和管理的问题。

3. 要点三：专业人员操纵各个生产环节——职业农民

截至 2017 年底，全国新型职业农民总体规模突破 1500 万人，成为农业农村经济发展和农村人才振兴的突出亮点。农民职业化是指农民将专职进行农业生产活动，其可以是传统农民，也可以是有志于从事农业生产活动的非农民。尤其是有一定文化水平的青年，有过从事工业或商业的经验，他们在经营管理上有创新意识，并且大多数有过从事工业生产线的工作经历，他们可以将以往经验转嫁单个生产环节。

对于职业农民，我们要建立健全农民教育培训制度：一要创新教育培训目标，使农民由农业生产主体向农业市场主体转变，成为具备高觉悟、懂科技、善经营特征的新型职业农民。二要强化教育培训保障，把农民职业教育纳入国家总体教育规划之中，重点发展农村的中等职业学校教育，对于结束义务教育之后的青少年再进行分业教育和职业培训，加强其专业技能。同时，对于参加职业培训的农民给予补贴，加强其参与再教育的动机，健全农业经营资格认定制度，完善农业职业技能鉴定体系建设。三要完善教育培训形式，根据务农农民的实际情况和具体需求，开展多种形式的培训活动。

如图 2-2 所示引荐工业流水线模式，农资采购、农机耕作、信息采集、农产品加工、农产品营销等各个环节在联合社统一制定决策下进行农产品经营。联合社对某一农产品品种制定规划：①确定流水线生产周期：通过同市场信息采集和农资采购合作社沟通，制定农产品采购期、生产期与销售期。②组织工序同期化及各种服务型合作社需要量。③确定流水线上职业农民需要量，合理地配备流水线上的职业农民人数。④制定流水线标准计划指示图。⑤对流水线组织的经济效果进行评价。职业农民根据自身特长与培训内容选择流水线环节，同时在各个环节工作中鼓励发明创新并以新技术为股份入社。他们要定期接受联合社的岗位培训与绩效考核。

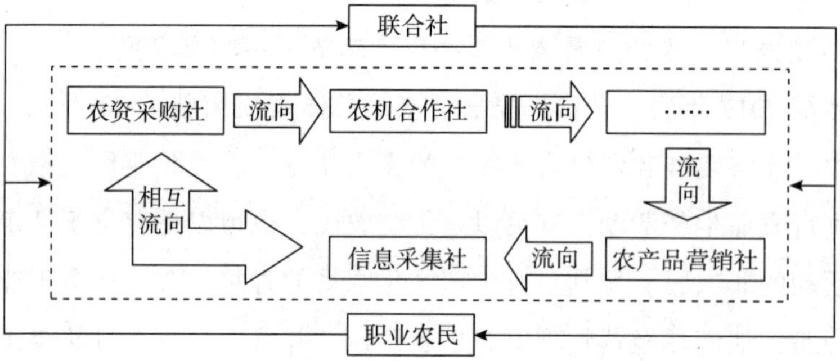

图 2-2　联合社大管家+以某种服务为主的专业合作社+职业农民——借鉴工业流水线方式

资料来源：作者根据本部分内容作图。

（六）农户联盟模式之三：村级农协会+镇级农协会+区级农协会体系

农户在农产品供应链中很重要，但又处于一个弱势地位，农民专业合作经济组织正是为了满足实现其自身话语权以及维护其权益的需要而产生的一个组织。现在，中国农民协会在于服务“农村、农业、农民”，推动“阳光工程”建设，为百万农民大转业做出积极贡献，维护农民说话的权利。

在分析国际农户联盟经验中，了解到台湾农业的发展是依靠省、县(市)、乡镇市三级农协会，三级农协会不仅涉及农产品生产，也涉及农户生活的各个方面。2014 年 3 月，北京市海淀区东升镇农村集体资产监督管理委员会，即“镇农资委”正式成立，成为国家首个镇级农资委，负责镇级农户资产审计、合同清理、土地监管等职责，让农村集体资产在阳光下运营。

重点在于谁代表农民，谁为农民说话——农民自己，所以三级农户协会需要自下而上推进与发展。村级农户协会可以借鉴台湾农事小组，负责技术推广和产品销售服务两项任务，其中的农产品产销班专职负责农产品的收购、分级、包装、运销等各类产后业务；镇级农户协会借鉴东升镇农资委，统一管理、组织、协调全镇集体资产监督管理工作，定期对集体土地、集体财务管理、集体经济合同、固定资产管理、征占地补偿费使用等重点工作进行督查，对重大资金使用、重大投资、重大资产处置、重大项目建设等进行专项监督检查，对重大资金使用情况、集体权益变动情况等重大事项进行监督审计，根据市、区、镇审计要求进行专项审计，指导建立健全集体经营管理、集体财务管理、集体资产管理等各项制度；区级农协会是根据各区特色，指导农产品生产与农民生活等工作。如图 2-3 所示。

（七）农户联盟之四：综合性农民组织（微笑曲线，加强利润高的领域合作）

综合性农民合作组织是农民的社团，其特点：一是成员广覆盖，甚至可实现全员覆盖。二是服务全方位，涉及经济、社会生活各个方面。三是经营、金融与社会公益功能互补。这三条均有利于增强村民的认同感、归属感，促进他们参与合作经济。四是一般设立在乡镇一级，无论经营、金融还是社会服务，都能取得规模效益。五是“权能分设”的治理结构，农民选举理事会管决策，理事会选聘总干事做执行，总干事

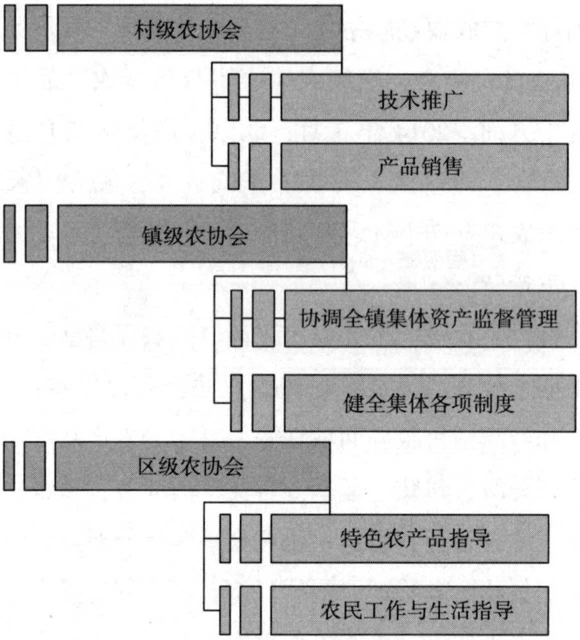

图 2-3　村级农协会+镇级农协会+区级农协会

资料来源：作者根据本部分内容作图。

团队聘用专职人员承担服务职能。

综合性农民合作组织的作用：

一是可有效提高农业社会化服务水平。广覆盖、广参与、多功能、权能分设的农民合作组织，可真正采取合作机制，为全体农户提供社会化服务，通过这类区域性的农民合作组织，以农业社会化服务的规模化弥补个体农户生产规模的不足问题。

二是可解决农村发展“金融限制”问题。资金短缺是“三农”难题之一。农村信用合作社早在计划经济时期即已失去合作性质，在改革过程中出现离农趋势。由综合性农民合作组织开展合作金融服务，可发挥社区合作机制的优势，解决商业金融存在的问题；可突破单一资金互助的局限，将金融服务与生产、供销甚至农民消费结合起来，通过生产、销售服务掌握农民的信用，管理农民的资金；可突破专业合作社规模限制，在更大范围融通资金，为全体农民服务。

三是可成为农村社区建设的重要力量。综合性农民合作组织参与社区建设，其经济职能的收益可为社区服务提供支持，农民的经济参与可与社区参与结合起来，相得益彰。农民的能力也在合作组织发展中得到培育和提高。

四是可为政府惠农政策提供高效的基层平台。政府惠农项目、资金的管理和运作，在基层缺乏有力的依托。借助行政体系运作，受机制及机构编制制约，效率不高，还易出现“漏出效应”。村民委员会层级低，无公共资产，法律上也没有授予生产、经营功能，无力承担政府农业政策委托事项。公司及农业大户为私人性质，与“三农”政策的普惠目标不一致。专业合作社规模小，只覆盖部分农户，且存在公司、大户控制现象。综合性农民合作组织功能多样，成员覆盖广，自己有一定的经济实力，农民参与充分，可从根本上解决上述问题。

如果农户合作组织仅限于生产层面，短期内，它可以通过提高谈判能力，改进技术服务，为农民增收。但长期看，其对农民产生的影响是有限的，它无法从根本上改变成员的经营规模，不具备影响市场价格的能力，对于农民的增收有限且增收时效也较短，因此倡导建立综合性农户联盟组织，也就是业务范围涉及生产、加工、流通、金融、保险以及文化建设等众多领域的农民合作经济组织，其最大优势在于通过生产和销售领域的合作，以解决农产品供给问题；通过金融、保险领域的合作，以解决农民资金短缺的问题；通过文化领域的合作，以解决文化建设、培养新型农民问题等多种业务合作来节约交易费用。如图 2-4 所示。

只有进入金融、流通和加工等附加值高、利润率高的领域，才能从根本上改变农民在利润分配链条上的不利地位，有效增加农民收入，提高农民参与合作的积极性，也增强农民专业合作社的实力和吸引力，提高农民的组织化程度。

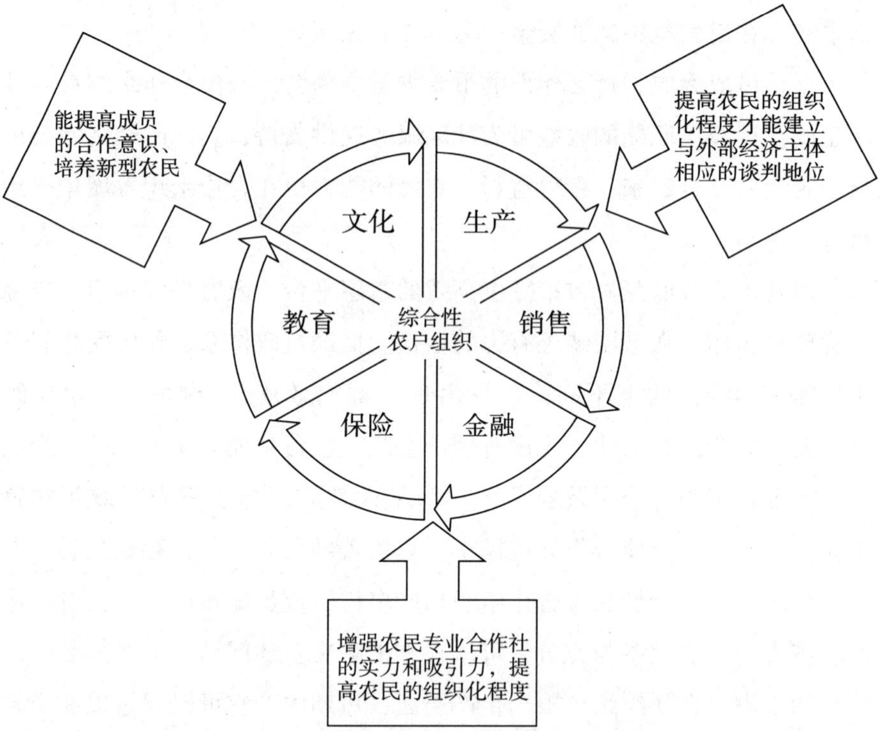

图 2-4　农户联盟模式之四：综合性农户联盟组织

资料来源：作者根据本部分内容作图。

二、新型农业经营体系视角下的北京市农户联盟构建建议

（一）农户联盟模式需要建立在民主之上

联盟只有建立在民主的基础上才能得以稳定的存在，即要坚持实行每人每票的民主管理和民主成立联盟机制，切实保障了每个成员都享有平等的权利和义务。任何一种农户联盟模式都需要严格按照国家的《农民专业合作社法》制定联盟组织规章，坚持依法治理联盟组织，实行入盟自愿、退盟自由，不按出资额表决，一人一票，赋予每个成员同等的民主权利。同时，要在不同阶层建立农户代表大会集体讨论焦点。联盟

组织章程也应该根据成员的变化、机制的变化等做出相应的修改，并及时公开重大决议落实和财务收支情况，实现联盟的透明化、公开化，切实保障农民享有知情权以及同等的享受权利和以为，切实保障农户的民主权利。

强调入盟自愿、退盟自由，农户才愿意参加联盟组织；越是充分考虑联盟成员的共同利益，每个成员的收益才越高；成员的收益越高，其积极性就能得到充分调动，他们的聪明才智才能得到更充分的发挥，组织就越规范；组织越规范，这种组织就成长越快，发展越持久。

（二）农户联盟成员要定期实行绩效考核，日常事务程序化

农户联盟成员入盟、发展与退盟要程序化，要定期进行绩效考核。我们严把三个关口，确保联盟质量。第一是严格联盟组建程序。成立筹备小组，对申请入盟农户或其他成员的人品、经营状况、贷款用途等情况严格审查，起草章程，落实保证金制度，发表信用共同宣言，结成信用——利益共同体。第二是严格评级农产品或提供服务质量程序。采取集中评级质量的方式，由初评小组逐户调查盟员情况，实行双人核查制度，建立统计专管员、数据审查小组、张榜公示、农产品质量有关部门审批四道关卡，确定评级质量严密。第三是严格奖惩盟员程序。实行奖惩制度明晰化，杜绝奖惩不公平现象，强化制度执行力，设立监督举报电话，有效防范联盟失信风险。

关于农产品质量评级，我们要专门成立一个评级实验室，将农产品样品放在固定的容器中，容器上贴着标注，注明农产品来源。通过国家规定指标，进行检测，农户或其他成员会及时收到检测结果。

（三）农户联盟内部要做到财务公开与严格审计

任何一种联盟组织都需要有专业财务部门定期或不定期对组织、成员、环节等产生的成本与收益进行公开，对村集体资产进行清产核资。清产核资时，一是坚持先账内、后账外的原则，对所属集体经济组织的所有资产进行全面清理核实，账内资产做到账务、账账、账表相符，账外资产在清理核实后进行登记造册；二是对产权关系不明晰的，依据国家法律、法规和有关政策规定，理顺产权归属关系；三是对清理出来的不实资产要按有关规定和民主决策程序及时进行处置。

为了使农户真正成为联盟的主人，联盟成为农户的发言人，在财务上要积极探索将提取公积金记入个人账户等同投资的办法，有效调动全体成员投资发展合作社的积极性。联盟组织每年提取的公积金按分红比例记入成员的当年个人账户上等同于投资，不仅做到联盟成员之间的产权明晰，而且实现不同年份利益清楚。由于提取公积金记在个人账户等同投资，农民愿意出地出资，也愿意提取公积金发展积累，使组织得以稳定存在，不断发展壮大。公积金量化到每个成员名下，合作社有支配权，成员有所有权和收益权，有效解决了合作社发展资金的瓶颈问题。

（四）农户联盟需要注重品牌化效应

各种联盟组织要通过统一标准、统一品牌、统一形象、统一平台的农产品“四统一”机制，增加农户、其他成员与联盟组织的合作共赢意识、创新高效意识和市场流通意识。

统一标准：联盟组织对新入成员不能放低进入门槛，要进行严格审查，入盟之后要进行专业培训，在农产品生产、销售、产品加工、产品包装等各个方面流程标准化。

统一品牌：无论在参加联盟之前是否存在品牌，入盟之后都要使用统一品牌，品牌效应或销售渠道可以延续已有品牌。

统一形象：农产品品种、包装、广告宣传等方面做到一致化。

统一平台：大批量进入市场，集中化营销，才有市场分量，信息集中化、决策一致化、风险共摊化。

（五）农户联盟要切实保护农户的社会保障

由于我国社会保障制度覆盖面过小，农民享受不到国家统一的社会保障体系所提供的就业、医疗、养老等保障，这阻碍了农民职业化发展。因此，必须按照城乡统筹的要求，尽快完善以社会保险为核心的社会保障制度，把农民统一纳入涵盖医疗保险、养老保险、失业保险、工伤保险等方面的社会保障体系中，从而解除农民因职业化而带来的后顾之忧。

第三章　北京市农产品供应链联盟现状分析

从20世纪70年代到90年代，短短30多年的时间，北京市农产品供应链联盟经历了从初步发展、创新发展、乱象、治乱、联盟模式基本稳定的阶段。

如今，北京市的农户联盟模式依然存在诸多问题，我们通过问卷调查、走访等形式，选取北京市近郊的三个区作为调查地点，从农户的视角，对农户联盟的现状进行了调查分析。

本书的研究核心对象是农户，研究角度是北京农产品供应链背景，从农户或农户合作组织之间建立何种联盟模式应对农产品市场发展趋势为研究出发点。本章节将系统化分析北京农户特征，农产品供应链现状、特征与现有问题，基于北京农产品供应链视角下的农户联盟模式分析。

第一节　北京农产品供应链联盟的发展历程

20世纪70年代末到90年代末，北京农业处于城郊型农业发展阶段，市场化改革的冲击导致农业上小生产和大市场的矛盾日渐突出。在这种情况下，农产品流通过程中的所有参与者需要一个面向市场的产业化经营体制。受到全国农产品供应链联盟浪潮的影响，北京市农业供应链联盟也开始进入探索发展的阶段。

20世纪80年代中期，北京出现了“贸工农一体化”“产加销一条龙”的创新一体化经营方式，其以农工贸作为利益共享、风险共担的共同体，是农产品供应链联盟模式的雏形。此时农产品供应链联盟上，成员的联盟多数是成员出于利益追求之下的自发性联盟，政府的干预很少。该经营方式能够实现农产品的生产和市场的消费者需求的有效衔接，不同程度地促进了农业的现代化和农村商品经济的发展。“产加销一条龙”和“贸工农一体化”经营连接起农产品生产与消费的两头，实现生产者和消费者的对接，通过把生产、收购、加工、储藏、运输、销售等过程连接起来，解决了生产与市场脱节的问题。农户与加工企业通过合同与契约建立起合作关系，龙头企业提供农产品的配套服务，从农户种植到农户销售都比农户单独经营具有了更多的生产可预见性，减少了农业生产中的盲目性和不确定性。农户负责生产，龙头企业去开辟国内外市场，二者有分工、有合作，成功连接起广阔的消费市场和分散的广大农户。

20世纪90年代中期，农产品供应链联盟合作模式进入成长阶段，此阶段的成长与政府的扶持息息相关，农业部出台了相关措施，鼓励支持了一批龙头加工企业，出现了以农产品加工商为核心的联盟模式。北京在20世纪90年代末进入了都市型现代农业阶段，此时，北京市农产品供应链联盟模式进入扩散发展阶段。新的供应链联盟模式不断出现，批发市场主导型农产品供应链联盟模式、龙头企业农产品供应链联盟模式及合作社主导型农产品供应链联盟模式不断完善发展，与此同时，北京市农产品供应链联盟模式的丰富也提高了北京市农业的总体发展水平。

第二节　基于问卷调查的北京市联盟模式探究

本书的研究团队采用调查问卷的方法，对北京市农户联盟情况进行调查。因为北京市远郊区农业比重较大的密云县、延庆县和平谷区参与农产品供应链联盟的农户较多，便于得出调查的结果，所以此次调查的地点选择这三个区。在密云县和延庆县分别随机选取两个村，在平谷区随机选取一个村，每村随机抽取40名农户进行问卷调查，调查采取和样本农户一对一面谈的方式，然后根据他们的回答填写问卷。调研最终选取的地点为密云县的北庄镇朱家湾村、河南寨镇两河村，延庆县的张山营镇前庙村、大榆树镇的岳家营村，平谷区刘家店镇的寅洞村。

调查问卷涉及两部分内容：第一部分对农户基本情况进行了解，包括农户的家庭人口数、农户性别、年龄、农户的文化程度、农户种植的主要农产品；第二部分是调查问卷的核心，主要包括农户参与农产品供应链联盟的情况及年收入情况。

此次调查共发放问卷200份，回收的有效问卷为182份，问卷的有效率达到91%。

一、北京市农户特点分析

（一）农户的性别及年龄特点

受访对象54%是男性，46%是女性。家庭成员数有2~3人的家庭占样本数的62.33%。农户的年龄层次主要集中在41~50岁，占比为50.55%，50岁以上的农户比例30.22%，31~40岁的农户占比为13.19%，30岁以下的农户为6.04%（见图3-1），说明北京市郊区的农户多数为中年人，年轻人务农的比例很低。农户的年龄大，接受新事物和学习能力较差，因此在新品种的引进和新技术的推广及应用中都会存在很多困难。

（二）农户的文化程度

大专及大专以上的农户比例仅占调研农户的2.20%，具有高中文化程度的农户比例为46.70%，初中文化水平的农户占比42.86%，小学及以下文化水平的农户占比8.24%（见图3-2）。这些数据表明，北京市郊区农户的文化程度普遍偏低，较低的受教育水平会影响农户对农业技

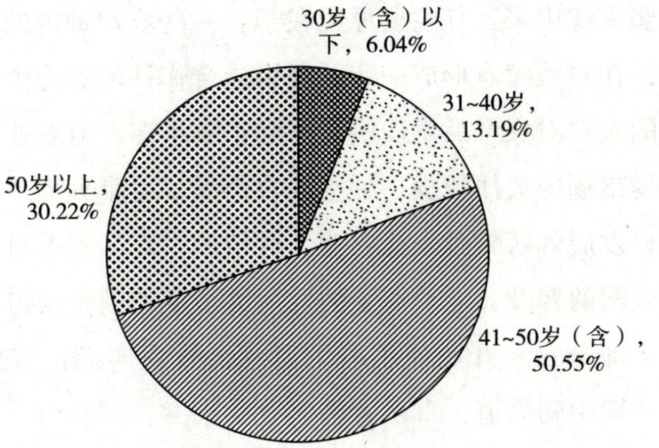

图 3-1 受访农户年龄分布

术的关注度，缺乏足够的学习意识和学习态度，影响农业科技成果的转化效果及农产品供应链联盟的实施效果。

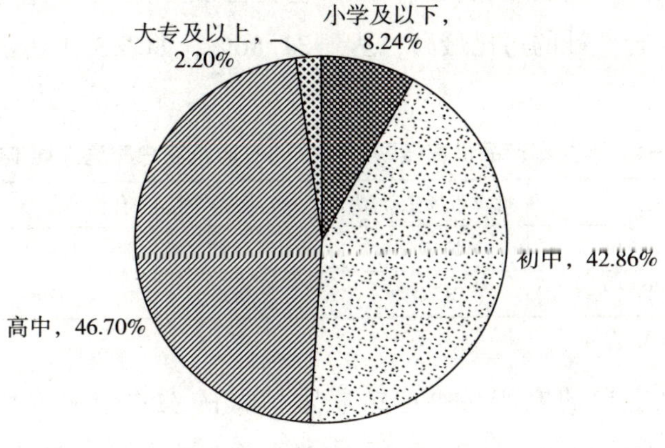

图 3-2 受访农户文化程度

（三）农户种植的农产品种类

在调查的农户当中，其中平谷区农户种植的农产品主要是大桃，密云县农户的主要农产品是板栗，延庆区农户主要农产品是葡萄。

（四）农户未加入农产品供应链联盟的原因分析

此次调查结果显示，调查对象中有 39.58%的农户并未参与到农产品供应链联盟模式中来，其主要原因在于：一些农户种植的农产品不是大众农产品，在当地没有形成一定的规模，合作社较难为个别农产品种类服务；有的农户对农产品供应链联盟的了解不多，对农业合作社与龙头企业及批发市场的关注较少，种植的农产品主要拿到当地集市进行售卖；部分农户发展郊区旅游采摘农业，种植的农产品到季对外开放旅游及采摘；互联网的普及，电子商务的发展给传统的销售渠道带来了一定程度的冲击，部分农户开始使用电子商务销售农产品，直接面向消费者，省略了一切中间渠道，直供直销。

二、北京市农产品供应链联盟模式占比情况和农户收入情况

根据调查问卷的结果，北京市农户参与到农产品流通中主要存在三种模式：批发市场主导型模式，龙头企业主导型模式，合作社主导型模式，其中，合作社的占比最高，达到31.86%，如表3-1所示。

表3-1　不同农产品供应链联盟模式的占比及农户家庭人均年收入

模式	批发市场主导型	龙头企业主导型	合作社主导型	其他
占比（%）	17.03	11.53	31.86	39.58
农户家庭人均年收入（元）	21528	20389	25579	2021

合作社主导的农产品供应链联盟模式的农户家庭人均年收入是25579元，龙头企业主导型模式农户的人均年收入是20389元，批发市场主导型农产品供应链联盟模式下农户的家庭人均年收入是21528元。

三、北京市农产品供应链联盟模式存在的问题

根据调查问卷及实地调查结果，发现北京市农产品供应链联盟模式存在一些现实问题，如人才短缺、科技落后、物流体系信息化程度低、合作机制不稳定等。

（一）科技落后，科技成果转化困难

从最初的选种、种植到最后的运输，农产品供应链运行的全过程都离不开科技的支撑。在北京市农产品供应链中，科技在农产品流通中的运用比较薄弱。政府在农产品供应链的科技应用方面提供了一些资金和支持，但农产品供应链各个节点都缺乏科技人才和知识型人才的指导，而农户的文化水平不高，接受新生事物能力不强，指导上的缺乏和应用时的限制导致农户把科技运用到农业生产中时，科技转换成果的效果不尽如人意，科技转换率低。

（二）合作机制不健全和合作不稳定现象

有的农户加入了农产品供应链联盟，但仅仅是单纯的买卖合作关系，并未与其他合作主体建立有效的合同约束机制，没有形成有效的利益共同体。农户在与批发市场及龙头企业合作时，批发市场及龙头企业二者控制加工和销售环节，直接接触市场和消费者，容易获得市场价格信息，拥有极大的话语权和议价能力，而农户容易处于弱势地位，由于信息不对称，农户只能被动地接受农产品的价格。批发市场或者龙头企业为了追求自身利润最大化，往往会压低价格，导致农户利益受损。由于利益受损，农户将会调节其行为，因此容易出现农户主动违约现象，这就造成了合作的不稳定及合作关系的终止。在批发市场和龙头企业主导的农产品供应链联盟模式中，虽然合作关系的破裂大都是因农户的主动违约而发生，但大多数情况下都是农户在其他合作伙伴侵犯其合理的利益时做出的应对性反应行为。实质上，此种合作关系的主要破坏者往往在农产品供应链中处于主体地位，拥有一定的市场势力。

（三）农产品物流体系信息化程度低

农产品供应链中各参与伙伴之间由于自身的实力、规模不同，导致其信息化程度不一；而且由于农产品物流设备、信息网络设备落后，导致信息传播不畅，缺乏完善的电子商务平台，同时各参与主体之间缺乏协调共享的信息化平台，导致参与主体间物流信息和市场信息不对称。

第三节　北京市农产品供应链联盟模式分析

屈海（2012）对北京农产品的流通渠道进行了研究，认为在现有流通渠道中，“农超对接”销售渠道承担着约20%的市场销售量，批发市场销售渠道承担着北京农产品约70%的农产品销售量。薛建强研究了全国农产品的流通模式，得出结论“农户+批发商”模式仍然是农产品流通的主要模式，占样本比例的72.0%，其次是“农户+企业”的流通模式，占18.7%。综合以前学者们对全国及农业大省的研究，在问卷调查之前，我们对北京农户参与农产品供应链联盟模式的假设是与全国农产品供应链联盟模式现状大体相同。我们认为北京市农户参与的农产品供应链联盟模式多数是与批发市场合作，同时存在合作社主导型农产品供应链模式、连锁超市主导型农产品供应链模式及龙头企业农产品供应链联盟模式。

根据调查问卷的结果，从农户的角度出发，我们发现北京农户参与农产品供应链联盟主要通过三种模式：批发市场主导型模式、龙头企业主导型模式、合作社主导型模式。参照国内其他学者的研究，本章节将农产品供应链联盟模式定义为：将供应链联盟管理的理念运用到农产品流通中，农产品从供应者即农户经过中间需求者到达消费者过程中所采取的一种一体化经营方式。下面详细介绍三种主要的农产品供应链联盟模式。

一、批发市场主导型农产品供应链模式的内涵及特征

（一）批发市场主导型农产品供应链联盟模式的内涵

批发市场主导型的农产品供应链联盟模式内涵为：合作、竞争和资

源的整合。从纵向看，批发市场通过前向联盟，将农产品的生产、加工、集散等环节连接起来，然后通过与零售商对接，构成农产品的销售环节。联盟内的成员相互合作，实现信息共享。从横向看，供应链联盟的每一环节的垂直机构反映了各层供应商之间的竞争关系。供应商各层之间的竞争程度取决于本层参与企业的数目，参与竞争的企业越多，竞争越激烈，相应的下层客户就能够获得更优惠的价格和更高质量的服务，但并不是参与竞争的企业越多越好，否则将会产生负效应。批发市场作为联盟的中心，通过前向和后向的联盟，将农产品生产者与消费者连接起来，实现资源的整合和充分利用，实现联盟的利益最大化。批发市场包括产地批发市场和销地批发市场，此次问卷调查主要是产地批发市场。农户与产地批发市场的合作又有两种方式：一种是农户和批发商之间存在着小贩，由于农户比较分散，由小贩负责集中收购分散的农产品，然后集中送往批发市场；另一种方式是批发市场和农户之间不存在小贩的直接交易，该模式的前提是农业的规模集群化种植。密云、平谷及延庆三个问卷调查区域主要是小贩去农产品产地收购分散的农产品，集中到批发市场，批发商给予小贩提成，该模式将小贩列入批发市场，因此可以视为一个只有批发市场和农户的二级农产品供应链模式。批发市场运营商作为供应链联盟的核心企业，不断拓展服务功能，建立了综合化和一体化的物流服务体系。该模式多以农产品产地批发市场为纽带，带动地方农业的发展，通过契约与农业大户、农户达成合作联盟，实施产销一条龙经营。该模式中农产品大都是即时交易，交易双方一般不固定，交易货源充足，品种丰富，产地和销地批发市场运营商、一般贩运商均可自由选择交易品种。但是因为是专业的批发市场，因此具有较强的市场凝聚力。如图 3-3 所示。

（二）批发市场主导型农产品供应链模式的特征

1. 松散的契约关系

在批发市场主导型供应链模式下，批发市场主要为产地批发市场，

图 3-3　批发市场主导型农产品供应链模式

一方面，批发商为了降低交易成本，会在当地找一个代办人，帮助了解生产者生产产品的相关信息，比如价格、产量等以协助批发商高效组织货源；另一方面，批发商也可以选择与拉货进入市场的生产者直接进行交易。农户为了降低信息搜寻成本和运输成本，就近选择了当地批发市场来销售农产品，农户直接进入市场与批发商进行交易，具有较低的进入成本和退出成本。农户与产地批发市场之间是松散的契约关系甚至缺乏契约关系，运行效率也相对较低，农户和批发市场之间合作存在很大的不稳定性，农户更多地依赖批发市场，违约机会多。

2. 博弈双方利益不一致

批发市场产品从农户处收购农产品，然后把农产品销售给消费者，在农产品的价格方面，批发市场与农户存在着很大的博弈空间，双方是利益的对立方，一方利润的减少会导致另一方利润的增加，二者的利益不一致。而且双方博弈力量悬殊，批发市场在价格博弈中占据优势地位。

3. 准垂直一体化组织

在批发市场主导型农产品供应链模式中，农户与批发市场合作，意味农产品的生产、流通与销售的初级衔接，是最直接的农业供应链合作。农户和批发市场相对独立，并非完全的垂直一体化组织，仅仅算作准垂直一体化组织，因为二者之间的联系仅仅是靠农产品的销售。

二、龙头企业主导型农产品供应链联盟模式的内涵及特征

（一）龙头企业主导型农产品供应链模式的内涵

该模式的核心企业为农产品加工企业，其内涵是龙头企业负责农产

品的集中与分销，一般龙头企业与农户签订生产订单，农户一般会按订单生产，二者之间的关系一般比较稳定。同时，龙头企业一般会拥有专家团队，可以给农户一定的生产技术指导，帮助农户提高农产品产量与质量。龙头企业的产品一部分来自农户生产，一部分来自自有基地种植，部分龙头企业会选择对收购的农产品进行加工处理，或进行深度加工，增加产品的附加值，然后销售给零售商。

龙头企业可以直接进入当地连锁超市，自建或联合其他合作伙伴建立社区专卖店，延伸到销售的终端，组织协调当地农产品的流通运作。该模式的优点：

（1）流通环节比少。龙头企业直接收购农户的产品，没有中间商赚取差价，然后由企业直接销售给零售商，减少了中间环节，降低了损耗。

（2）能够有效降低市场信息的不对称。龙头企业具有较强的市场团队，能够有效捕捉到市场的需求和价格信息，而农户作为单独的个体，缺乏市场敏感性，通过与龙头企业合作，能够有效减少生产与销售之间的信息不对称程度。

（3）产品质量得到有效保障。龙头企业一般具有较强的资金实力，能购置高技术物流设备，确保农产品的质量和新鲜度，提供最及时、最快捷的配送服务，全程控制农产品从田间到餐桌的过程。

与批发市场主导的农产品供应链联盟模式相类似，该模式除了具备一定的协调农产品流通的能力，还具备一定的创新能力和满足顾客特定需求的加工能力。这些能力的强弱决定了龙头企业主导型农产品供应链联盟模式的整体运作效率，如图 3-4 所示。

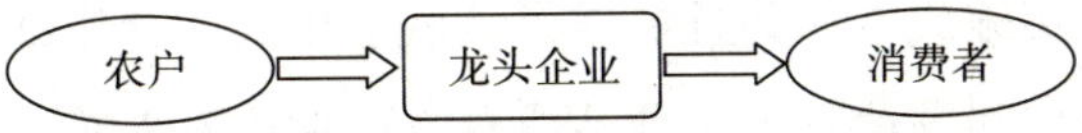

图 3-4　龙头企业主导型农产品供应链模式

经过多年的发展与成长，平谷区龙头企业的辐射范围逐步扩大，企业的实力、规模与对周围的带动能力都得到提高，现已建成27家年销售额500万元以上的龙头企业。例如，被列为国家级农业产业化龙头企业的北京华都峪口禽业有限责任公司，被认定市级农业产业化龙头企业的圣林工艺、千禧鹤、北京华裕、老才臣。

（二）龙头企业主导型农产品供应链模式的制度特征

1. 博弈双方地位悬殊

龙头企业主导型联盟模式中，龙头企业由于具备了规模经济效应，在供应链中处在核心地位，分散的农户势单力薄，没有一个代表农户与龙头加工企业进行谈判的组织，因此农户只能独自与龙头加工企业谈判并签订合约，且由于人微言轻，不具备足够的谈判势力。而龙头企业掌握了比农户更多的市场需求和市场价格信息，容易出现企业利用农户对市场变化反应迟钝的劣势来压低农产品的协议价格，因此龙头企业较普通农户拥有更强的谈判技巧与能力。一些龙头企业为了保持原材料供给的稳定性，往往对农户提出一些要求，例如要求农户投入专用性资产，包括专用性的生产工具或者生产条件，此要求导致农户在短期内很难找到其他合适的顾客，增加了对原来龙头加工企业的依赖，最终导致农户的博弈能力远远低于龙头企业。

2. 短期性的不完全契约

龙头企业主导型农产品供应链联盟中，龙头企业与农户签订的合作协议多数属于年限较短、合同内容调整频繁的短期契约。当短期内违约的收益大于违约的成本的机会出现时，农户和龙头加工企业都有随时和对方解除合约的可能性。契约时间上的短期性增加了农户与龙头加工企业签订合同的实施成本，并且造成了该联盟模式的合作缺乏稳定性。农户与龙头企业之间的信息不对称造成双方的地位不平等，农户处于被动地位，很难通过契约来约束一些不确定性事情的具体事项。有些合同实施之后，农户觉察出自己的利益可能受损，而龙头企业难以通过契约来约束监督农户的各种行为，无法防止搭便车现象的出现，使得龙头企业对农户行为监督的成本提高。

3. 产权明晰

农户选择与龙头加工企业进行合作时，双方往往是通过签订合同的方式开展合作的，龙头企业与农户之间的合作实质上是农产品远期交易，双方在约定的时间按照之前约定的产品价格和产量交割农产品。农户与龙头企业之间相互独立，产权明晰。农户虽然与龙头企业签订合同，但农户独立占有生产工具、生产资源和生产者自身劳动力的产权，企业无法支配和介入农户资源，农户与龙头企业之间的产权公域较小，产权邻域明晰。

三、合作社主导型农产品供应链联盟模式的内涵及特征

（一）合作社主导型农产品供应链模式的内涵

农民专业合作组织是指在市场竞争中处于不利地位的广大小规模农户在坚持家庭承包经营、保持各自财产所有权不变的前提下，自愿成立起来的经济合作与互助组织。合作社主导型模式指的是在联盟中以农业合作社为核心的一种农产品流通模式，合作社的规模较大，合作社、企业及农户三方建立合作联盟关系，在此模式中，农户负责生产农产品，企业负责集中收购、加工处理和销售农产品，但此时，农户不再直接与企业订立生产契约，而是由农户的代表农业合作社与企业谈判签订订单。农业合作社拥有一定的谈判权和话语权，可以有效制约企业的违约行为，提高农户在市场中的地位，在农产品价格制定中发挥主导作用。合作社主导联盟模式中，农业合作社给农户提供专业技术指导，给零售商或者加工企业提供高标准高安全高质量的农产品，零售商与企业利用其接近市场和消费者的优势为合作社提供及时准确的市场需求与价格信息，合作社将信息反馈给广大农户成员，组织广大农户的生产，满足市场的需求，减少了信息不对称的程度，提高了市场效率。由于合作社集

合了广大农户，代表的是整体农户的利益，提高了农户在农产品流通过程中的主体地位，所以该模式使得处于弱势地位的农户在农产品价格方面拥有了更多的决策和选择的权利。该模式农业合作社农户人员数量较多、农业机械化程度较高、基地面积较大、管理水平较先进。

位于问卷调查区域的河南寨镇的北京康顺达农副产品产销专业合作社，是当地知名的专业农民合作社，该社以公司经营的方式成立于2009年，该社规模庞大，形成了粗具规模的地区新产销链。北京河南寨下屯种植专业合作社主营久保、草莓、西葫芦和胡萝卜，此合作社在院内自建农产品加工公司，形成了种植、加工和销售一条完整的产业链，合作社实力强大，带动了当地农户致富和密云农业生产与流通的发展。在问卷调查中了解到位于延庆县张山营镇前庙村的北京市前庙村葡萄专业合作社，该合作社主营农产品为葡萄，现有成员148户，资产总额达到126万元。合作社主导型农产品模式的供应链如图3-5所示，此模式中的企业范围较广，包含了龙头企业和零售商企业。而此处的合作社包括公司领导建立的、由农业种植大户组织建立的以及村组织领导建立三种方式。

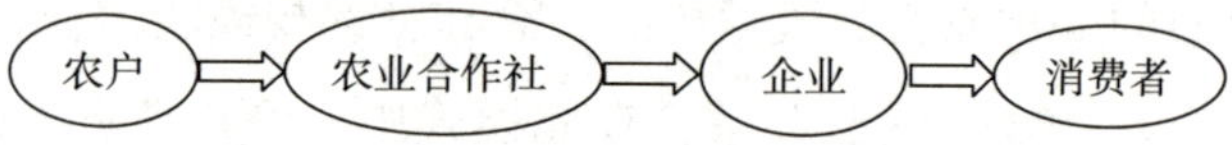

图3-5　合作社主导型农产品供应链模式

（二）合作社主导型农产品供应链模式的制度特征

1. 博弈各方实力相当

农户入社后由分散状态变为集合状态，合作社成为农户的代言人，农户地位得到提高，实力得到增加，农户通过专业合作社与龙头企业、连锁超市及批发市场等企业合作时的谈判能力增强，不再是龙头加工企业和批发市场主导型供应链模式中一边倒的实力悬殊状态，供应链各个参与主体地位相对平等、实力相当，在博弈上处于相对均衡的状态。

2. 利益的高度一致性

农民专业合作社具有开放性，农户拥有进入或者退出的自由，这种开放性确保了合作社内所有农户的利益具有高度的一致性。否则，如果合作社内部成员存在利益上的冲突，农户有权利用“用脚投票”的方式脱离合作社。

3. 完全垂直一体化组织

农民专业合作社农产品供应链联盟已经成为完全垂直一体化的组织，在这种联盟模式下，农产品品种的决定、农资的购买及农产品的运输与销售都交给合作社统一管理，合作社内部的科层管理结构取代了传统的农产品交易市场，市场交易成本在很大程度上变为了合作社内部管理成本。

总之，龙头企业和批发市场在龙头企业和批发市场主导型农产品供应链中处于绝对优势地位，二者拥有比农户更强大的博弈能力，农户参与到这两种联盟模式中往往缺乏谈判能力，会遇到龙头企业或者批发市场打压农产品价格的情形。由于对信息的掌握程度不同和契约的不完全性，当短期内市场上农产品价格波幅很大时，供应链上的各参与主体都有很大的动机去毁约。为了防止该现象的出现，供应链上的参与主体不得不投入人力、财力去对各方行为进行监督，监督的费用成为农业供应链组织的内部交易成本。

合作社主导型农产品供应链模式中，农业合作社与其他合作伙伴之间的博弈实力相当，它代表了广大农户利益，不仅提高了农户的谈判能力和信息获取能力，而且降低了市场交易成本，从农户的角度来说，是交易成本最低的一种联盟模式，该模式中农户与合作社具有利益目标一致性，对于农户和合作社来说都是一种激励。

四、北京市农产品供应链联盟模式占比情况和农户收入情况

发放的200份问卷调查中，共回收182份有效调查问卷，该问卷的

回收率达到91%。根据调查问卷的结果，北京农户参与到农产品流通中主要存在三种模式：批发市场主导型模式、龙头企业主导型模式、合作社主导型模式。其中，批发市场主导型模式占比17.46%，龙头企业主导型模式占比5.28%，合作社主导型模式占比31.53%。如表3-2所示。

表3-2　不同农产品供应链联盟模式的占比及农户家庭人均年收入

模式	批发市场主导型	龙头企业主导型	合作社主导型
占比（%）	17.46	5.28	31.53
农户家庭人均年收入（元）	21528	20389	25579

合作社主导的农产品供应链联盟模式的农户家庭人均年收入是25579元，龙头企业主导型模式农户的人均年收入是20389元，批发市场主导型农产品供应链联盟模式下农户的家庭人均年收入是21528元。如图3-6所示。

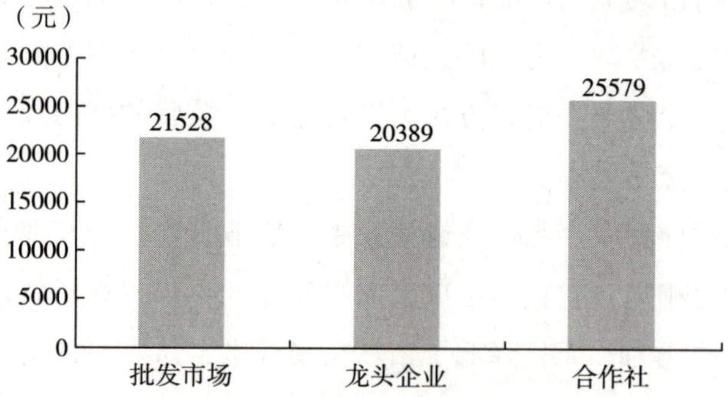

图3-6　三种联盟模式农户收入

根据调查问卷的结果，我们发现北京农户参与农产品供应链联盟主要通过三种模式：批发市场主导型模式、龙头企业主导型模式、合作社主导型模式。其中合作社主导型农产品供应链模式占比最高且合作社主导型的农产品供应链联盟模式给农户带来的收入最高。

五、合作社主导型占比高收入高的原因分析

第一，从农户的角度，一方面，农民专业合作社是农户最容易加入的农产品供应链联盟模式，因为合作社多数为农户自发组织而成，农户对合作社最为熟悉，因此农户加入合作社拥有天然的优势和便利；另一方面，与本书调查问卷得出的结果相对应，农户在多年的参与供应链联盟的实践中逐渐发现参与合作社主导的联盟给其带来的收入要高于其他联盟模式，对更高利润的追求和不断对其自身行为的调整促进了当地农户更多地选择合作社主导的农产品供应链模式。

第二，从政府政策和法律法规角度，农业合作社的推广与普及得益于北京市一系列的有利于农民专业合作社发展的政策和法律的推动，如2006 年颁布并于 2007 年 7 月 1 日实施的《农民专业合作社法》的推动。该法的实施，引起了北京市政府对农民专业合作社的重视和农户加入合作社的积极性。北京投入财政资金 2500 万元鼓励支持扶持 50 多家农业合作社的发展，相继下发了《北京市实施〈中华人民共和国农民专业合作社法〉办法》《关于印发北京市农民专业合作社示范社建设行动计划的函》《关于金融支持农民专业合作社发展》等一系列政策文件，大大促进了专业合作社的快速规范发展。北京市的农业合作社，在鼓励的政策扶持下得到了快速发展，农业合作社的规模和数量都呈现加速增长态势，使专业合作社在北京市郊区成为最普遍的供应链联盟模式。

第三，从其他中介组织的角度看，批发市场及龙头企业的规模较大，需要规模匹配的农产品供应，分散的农户难以满足其数量要求且伴随过高的采购成本，导致批发市场与龙头企业往往选择通过与合作社合作的方式间接达成与农户的合作，较少地直接与分散的农户建立合作关系。

合作社主导型农产品供应链联盟模式给农户带来收入最高的原因主要有以下几点：首先，农户加入农业合作社当中，与合作社形成“利益

共享、风险共担”的共同体，通过农业合作社参与农产品的市场竞争当中，强化了农户在农产品供应链联盟模式中的市场主体地位，由此提高了农户的话语权和在农产品价格形成中的谈判能力，最大限度照顾了农户的要求和利益，农户加入合作社可以使农户获得规模优势和信息优势，降低农户的搜寻成本。其次，农业合作社向农户提供良种、技术和培训，提高了农户的整体素质，促进了农业科技成果的转化，降低了农户的生产成本。最后，合作社结合当地的资源和区域优势，实施品牌战略，打造优势农产品品牌，满足了市场的多样化需求，提高了农产品的附加值和市场竞争力。

在问卷调查之前，根据其他学者们的研究结果，北京的农产品中的70%是经过批发市场这种销售渠道进入消费者手中，因此我们预计的是北京农户参与批发市场主导的模式比例会居高，但问卷调查的结果显示，农户通过批发市场来销售农产品的比例并非最大，在郊区分布较多的合作社主导型农产品供应链模式所占比例最高。其他学者研究的批发市场是北京市农产品销售的主要渠道，原因在于北京消费者消费的农产品多数来自外省而非北京市郊区，外省的农产品进入北京市多数是通过批发市场，而进入批发市场的有的是农户自己，有的是当地的合作社，有的是一些中介组织及其他除了农户的第三方，所有的这些最终流向批发市场的都列为了批发市场主导型农产品供应链模式。本书是从农户的角度进行研究，仅仅涉及农户直接与批发市场合作，因此农户参与批发市场主导型农产品供应链模式的比例很小。

六、北京市农产品供应链联盟模式存在的问题

（一）科技落后，科技成果转化困难

农产品供应链运行的全过程都需要科技来支撑，从最初的选种、种植到最后的运输都离不开科技的运用。在北京市农产品供应链中，科技在农产品流通中的运用比较薄弱。政府在农产品供应链的科技应用方面

提供了一些资金和支持，但农产品供应链各个节点都缺乏科技人才和知识型人才的指导，而农户的文化水平不高，接受新生事物能力不强，指导上的缺乏和应用时的限制导致农户把科技运用到农业生产中时，科技转换成成果的效果不尽如人意，科技转换率低。

（二）合作机制不健全和合作不稳定现象

有的农户加入了农产品供应链联盟，但并未与其他合作主体建立有效的合同约束机制，仅仅是单纯的买卖合作关系，没有形成有效的利益共同体。农户在与批发市场及龙头企业合作时，二者控制着加工和销售环节，容易处于买方市场，出现信息不对称的情况，批发市场或者龙头企业掌握着农产品的定价权，农户处于弱势地位，只能被动接受农产品价格。批发市场或者龙头企业为了追求自身利润最大化，往往会压低价格，导致农户利润受损，而农户的利益受损调整其自己的行为时，容易出现农户主动违约现象，造成了合作的不稳定及合作关系的终止。在批发市场和龙头企业主导的农产品供应链模式中，虽然合作的破裂多数是农户主动违约，但大多数情况下，都是农户在其他合作伙伴侵犯其合理的利益时做出的应对性反应行为。实质上，此供应链中位于主导地位的主体是合作关系的主要破坏者。

（三）农产品物流体系信息化程度低

农产品供应链各参与伙伴之间由于自身的实力、规模不同，导致其信息化程度不一。而且各参与主体之间缺乏协调共享的信息化平台，导致参与主体间物流信息和市场信息不对称。缺乏完善的电子商务平台，农产品物流设施落后。

第四章　基于沙普利值法的农产品供应链联盟模式的利润分配

农产品供应链中的合作利润分配的合理与否决定了联盟成员的合作积极性和努力水平，而努力水平和合作积极性又决定了供应链联盟的整体绩效水平。农产品供应链链条整体作用的发挥，来自各参与主体的密切与诚信协作。农产品供应链中的合作伙伴作为独立的经济体，其进行合作的目的是实现自身利益的最大化，在利润分配不合理和不公平的情况下也会成为整体供应链获利的阻力。因此，在供应链联盟中，农产品供应链成功与运用的重点是参与主体利润的合理分配。在农产品供应链利润分配的实际中，有的基于投入的成本进行分配，有的对合作利润进行平均分配，这些分配方法都无法最大限度调动供应链联盟各参与主体参与合作的积极性，往往破坏了联盟合作的稳定性，甚至瓦解了合作联盟。

基于本章节调查问卷的结果，得出合作社主导型农产品供应链模式是实现农户收入最大化的联盟模式，供应链各参与主体的利润分配问题则是多人合作对策的利益配置问题，因此可以用 Shapley 值法求唯一解。本章节将运用沙普利值法对三种农产品供应链联盟模式进行利润分配，运用 Shapley 值法得出对北京农户来说最佳的合作伙伴，同时在得出最佳合作伙伴的基础之上，在该模式下对各参与主体进行合理的利润分配，确保合作的稳定性和持久性。

用沙普利值法研究北京农产品供应链联盟的利润分配模式有一定的

创新性，具体表现为：

（1）在农产品供应链模式的研究方面，学者们运用层次分析法或者博弈理论从理论上分析何种模式最佳，本书基于问卷调查，从农村实际层面出发研究北京市农产品供应链现状，得出合作社主导型农产品供应链联盟模式是对农户来说的最佳模式，同时又运用了沙普利模型进行验证。

（2）多数学者的研究往往是站在一个宏观的角度去探讨问题，对于农户这种个体行为关注度不够。本书从微观的角度，即从农户的角度出发，寻找对农户来说最佳的农产品供应链联盟模式和探讨农户加入农产品供应链联盟的必要性。

（3）从农产品供应链视角来研究的文献所选的区域多数是山东、河南、黑龙江等农业大省或者直接选取全国来作为研究区域，本书选取的研究区域是北京市的郊区，比较具体。

（4）运用沙普利值法，对合作社主导型农产品供应链上合作伙伴的利润进行了分配，在帮助农户选择出最佳供应链联盟模式的基础之上，为了保证合作的稳定性，对利润分配进行了博弈分析，为农户与合作伙伴的长期合作提供了理论支撑。

一、国外研究现状述评

现有的文献中关于研究生鲜农产品供应链收益研究的相关文献大概有 80 多篇，这些文献主要发表在 *European Review of Agricultural Economics*、*Quarterly Journal of Economics*、*Journal of Financial Economics* 等期刊上，研究内容大致涵盖了合作激励模型构建、投入信任理论分析、利益分配机制研究和物流、信息流和资金流的流通等方面。

Camarinha-Matos 等（1998）认为，维持供应链稳定的关键在于其内部合理的利润风险分配机制。

Anderson 等（1999）指出供应链的重点在于其持续性的强弱，强调供应链合作伙伴之间的合作关系以及合作协同发展而产生的总体竞争力。

Vetter 等（2002）认为，纵向一体化可以解决市场中存在的某些道德风险问题，而政府相关部门的监管不利于供应链的一体化。

Baker 等（2002）在研究中强调，违约风险与收益的对比是能否维持契约关系的重要因素。

Ramaswami 等（2006）提出，建立相关农产品合作组织或企业能够有效降低农户的生产风险，有助于其快速进入市场，获得更高的收益。

同时，全球经济又呈现出市场化的发展态势，消费需求不断变化，市场竞争日趋激烈，迫使供应链上相关利益主体（生产者、加工者、分销者、零售者等）之间加强沟通和写作，以便更好地满足市场需求，并保持和提升自身的竞争优势（Selim et al.，2008；Ohnsman et al.，2010）。

二、国内研究现状述评

我国对农产品供应链收益方面的相关研究始于 1999 年，成果主要集中在传统的农产品供应链运作模式、生鲜易腐农产品供应链末端的超市、可追溯性体系及电子商务环境下的信息化，农产品供应链信息共享、设计和协调等方面。

胡定寰等（2006）通过对山东某产业的调研数据定量分析认为契约生产模式——“超市+合作组织+农户”能够有效提高相关农产品生产技术、农产品质量和参与农户的收入。

刘兵（2013）总结了当前农产品供应链中存在的四个矛盾：小农户在农产品供应链中处于不利地位；小农户难以应对巨大的市场风险；农产品价格持续上涨导致消费者利益受损；食品安全问题导致消费者信任缺失。

李谷成、李崇光（2012）也指出，小农户在农产品供应链中处于不利地位，《中国农村统计年鉴》的数据显示，到2010年末，中国平均每户农村家庭经营的耕地面积为9.00亩，平均每人经营耕地面积只有2.28亩。如此狭小的农业经营规模导致农户参与农产品市场交易要付出高昂的成本且难以在农产品价值链分工中获得利益。

赵晓飞（2012）针对我国传统农产品供应链模式的弊端，提出构建现代农产品供应链体系的构想。

陆长松（2011）探讨了农产品供应链中核心企业的作用及培育核心企业的重要性，提倡利用现代信息技术，构建一个农产品电子商务平台。

盛革（2009）提出，通过引入协同商务分析，针对我国现行农产品流通体系中存在的问题，初步提出以虚拟批发市场为核心、有形批发市场兼营和多种中间服务组织广泛参与的全面协作型农产品现代流通服务体系的概念框架。

邓宏图（2002）通过对“龙头企业+农户”的案例分析，得出合约选择是一个不断适应约束条件变化的动态过程的结论。

谭涛等（2004）对农产品供应链的组织模式进行了研究，主要是关于影响组织效率的各因素之间的内在假设联系。

杨为民（2007）则提出农产品供应链的结构一体化以降低交易成本，保证产品质量。

综上所述，目前国内外关于农产品供应链收益的研究主要集中在供应链形成原因、发展过程、现存组织模式、合作机理模型及各环节上的利益分配机制和相关理论分析等方面。从已有的研究文献看，现象描述的研究较多，深入的定量分析研究较少，本书以农产品供应链为视角，从联盟博弈理论在农产品市场中农户合作伙伴选择所突显的内在价值出发，研究联盟博弈理论中参与者合作博弈与首都不同农产品市场供应链中农户的实际收益之间的关系，进而进行基于联盟博弈中沙普利值法的农户合作伙伴选择，探讨在农产品市场供应链中首都农户如何才能寻找到最佳的合作伙伴以实现最大化收益。

第一节 Shapley 值模型介绍

一、Shapley 值的提出

2012 年诺贝尔经济学奖获得者 Lloyd Stowell Shapley 在 1953 年提出沙普利值法，用于解决多人合作对策的问题，Shapley 从三大公理出发，不仅提出了合作对策的解的概念而且证明了解存在的唯一性，这种解后来被人们称为 Shapley 值，并将此方法应用于解决联盟参与主体的利润分配问题。沙普利值法既不是基于投资成本的比例分配，也不是基于利润的平均分配，而是依据各参与主体在经济效益产生过程中的重要程度进行分配。Shapley 值法可以将所获利益以比较合理的方式分配给联盟的各参与者，其利益分配的前提是每个参与者的加入都能够给联盟增加利益，并且合作人数的增加不会减少整体的利益。

给定博弈（N，v），Shapley 模型的假设有三个：

（1）有 n 个局中人参与，N {1，2，3，…，n} 是全部参与人的集合，局中人为有限个，集合为有限集。

（2）博弈是合作博弈。

（3）$S \in N$，为 N 的一个子集联盟，$v(S)$是定义在联盟上的特征函数，代表联盟 S 可获得的收益。其中，$v(S)$满足两个条件：其一是 $v(\varnothing)=0$，即没有人参与的联盟收入为 0，此时 Ø 为空集；其二，$v(s_1 \cup s_2) \geqslant v(s_1)+v(s_2)$，$s_1 \cap s_2=\varnothing$，即局中人在参与联盟后获得的总利润大于单干时获得的利润之和。

合作 N 下的每一个局中人所得的利益分配称为 Shapley 值，表示为 $\varphi(v)=[(\varphi_1(v), \varphi_2(v), \cdots, \varphi_n(v)]$，$\varphi_i(v)$表示在合作 N 下局中人 i

所得的分配。

$$\varphi_i(v)=\sum_{i\in S}\frac{(n-|S|)!\ (|S|-1)!}{n!}[v(S)-v(S/i)],\ i=1,\ 2,\ \cdots,\ n \tag{4-1}$$

$$w(S)=\frac{(n-|S|)!\ (|S|-1)!}{n!} \tag{4-2}$$

式中，n 为集合 N 中的元素个数；$|S|$ 表示的是联盟中具有的局中人的个数。w(s) 是加权因子，农产品供应链联盟中所有参与成员按照随机的顺序结成战略联盟，w(s) 代表的则是各种子集联盟 S 出现的概率。v(S) 为联盟的利润，v(S/i) 表示联盟除去局中人后的收益。v(S)-v(S/i) 表示的是成员 i 对于联盟 S 做出的边际贡献。

若使用上述公式计算 Shapley 值，还需满足下面三个定理：

（1）对称性公理。如果联盟总财富并没有改变，那么博弈中的两个局中人完全可以相互替代，则他们的值相等。这意味着局中人的平等关系。

（2）有效性公理。所有参与人的分配值的和等于联盟的总财富。

（3）可加性公理。两个博弈之和的值等于两个博弈值之和。

二、shapley 值对农产品供应链的影响

对于一个联盟来说，最重要的有两点：最大收益和稳定性。根据经济学的基本假设，市场经济中的理性人都是自利的，都希望能够通过市场活动实现自身利益的最大化，而供应链中多个市场参与者结成联盟必然会产生收益的溢出效应，换言之，其产出是大于各市场参与者原先收益的简单加总的。为保持联盟的稳定性，要求市场参与者能获得在当前市场环境中所能获得最大的收益，如此，他们才没有动机退出联盟，即形成稳定联盟关系。Shapley 值算法通过以 Shapley 值为衡量指标计算联盟中各参与者应该获得的收益。经 Shapley 本人和其他美国学者证明，这种方法具有最优性的特点：市场参与者的最大收益，最合理的收益。

第二节　运用 Shapley 值对农产品供应链联盟模式进行利润分配

本书通过问卷调查分析得出北京市的农产品供应链联盟模式主要有合作社主导型模式、批发市场主导型模式、龙头企业主导型模式等模式。本节将用沙普利值法对三种模式的利润分配进行分析。

一、合作社主导型农产品供应链联盟进行利润分配

为了讨论的简便，根据前面 Shapley 值法的假设条件和公理，我们在本书中假设农户、企业、合作社单独经营时的获利分别为 2K、3K、5K，此处的企业可以是批发市场、龙头企业与连锁超市，因为不论农户参加的是批发市场主导型还是龙头企业主导型联盟模式，从根本上看都属于二级农产品供应链。在合作过程中，对于各参与主体的合作情况，有如下假设：如果农户和企业联盟，可获得利润 5K（K=千元），农户和合作社联盟，可获得利润 7K，合作社和企业联盟可获得的利润为 8K，农户、合作社和企业三者联盟可获得的利润为 13K（如表 4-1 所示）。

表 4-1　农产品供应链参与主体的利润表

合作主体组合	利润
农户（F）	2K
企业（E）	3K
合作社（C）	5K
农户+合作社（F+C）	7K
农户+企业（F+E）	5K
合作社+企业（C+E）	8K
农户+合作社+企业（F+C+E）	13K

把合作社主导型农产品供应链联盟视为多人合作联盟，运用Shapley值法分别结算农户、企业与合作社的Shapley值。如表4-2所示。

表4-2　农户的Shapley值参数

分配模型	农户参与的不同联盟			
	农户单干	农户∪合作社	农户∪企业	农户∪合作社∪企业
v(s)	2K	7K	5K	13K
v(s/i)	0	2K	3K	8K
v(s)-v(s/i)	2K	5K	2K	5K
|s|	1	2	2	3
w(s)	1/3	1/6	1/6	1/3
w(s)[v(s)-v(s/i)]	2/3 K	5/6 K	1/3K	5/3 K

根据Shapley值法计算，合作社主导型农产品供应链联盟模式各参与主体的利润分别为：

农户的收益：

$$\Phi_F(v)=\frac{(3-1)!\ (1-1)!}{3!}\times 2K+\frac{(3-2)!\ (2-1)!}{3!}\times[(7K-2K)+(5K-3K)]+\frac{(3-3)!\ (3-1)!}{3!}\times(13K-8K)=\frac{2}{3}K+\frac{5}{6}K+\frac{1}{3}K+\frac{5}{3}K=\frac{21}{6}K$$

表4-3　企业的Shapley值参数

分配模型	企业参与的不同联盟			
	企业单干	企业∪农户	企业∪合作社	农户∪合作社∪企业
v(s)	3K	5K	8K	13K
v(s/i)	0	2K	2K	7K
v(s)-v(s/i)	3K	3K	6K	6K
|s|	1	2	2	3
w(s)	1/3	1/6	1/6	1/3
w(s)[v(s)-v(s/i)]	K	3/6K	6/6K	6/3K

企业的收益：

$$\Phi_E(v)=\frac{(3-1)!\ (1-1)!}{3!}\times 3K+\frac{(3-2)!\ (2-1)!}{3!}\times[(5K-2K)+(8K-2K)]+\frac{(3-3)!\ (3-1)!}{3!}\times(13K-7K)=K+\frac{3}{6}K+\frac{6}{6}K+\frac{6}{3}K=\frac{9}{2}K$$

表 4-4　合作社的 Shapley 值参数

分配模型	合作社在不同联盟情况下的收益			
	合作社单干	合作社∪农户	合作社∪企业	农户∪合作社∪企业
v(s)	2K	7K	8K	13K
v(s/i)	0	2K	3K	5K
v(s)-v(s/i)	2K	5K	5K	8K
|s|	1	2	2	3
w(s)	1/3	1/6	1/6	1/3
w(s)[v(s)-v(s/i)]	2/3K	5/6K	5/6K	8/3K

合作社的收益：

$$\Phi_C(v)=\frac{(3-1)!\ (1-1)!}{3!}\times 2K+\frac{(3-2)!\ (2-1)!}{3!}\times[7K-2K)+(8K-3K)]+\frac{(3-3)!\ (3-1)!}{3!}\times(13K-5K)=5K$$

农户参与合作社主导的农产品供应链的利润增加额为：$\frac{21}{6}K-2K=\frac{3}{2}K$

企业参与供应链的利润增加额为：$\frac{9}{2}K-3K=\frac{3}{2}K$

合作社参与农产品供应链的利润增加额为：5K-2K=3K

整个农产品供应链的利润增加额：$\frac{21}{6}K+\frac{9}{2}K+5K-(2K+3K+2K)=6K$

二、龙头企业主导型农产品供应链的利润分配

假设农户和龙头企业单独经营时的利润分别为2K和6K，农户与龙头企业联盟合作时的利润为9K。如表4-5所示。

表4-5　龙头企业主导型农产品供应链的利润分配

合作主体组合	利润
农户（F）	2K
龙头企业（L）	6K
农户+龙头企业（F+L）	9K

根据Shapley值法计算，龙头企业主导型农产品供应链联盟模式各参与主体的利润分别为：

$$\Phi_F(v)=\frac{(2-1)!\ (1-1)!}{2!}\times 2K+\frac{(2-2)!\ (2-1)!}{2!}\times(9K-6K)=\frac{5}{2}K$$

$$\Phi_L(v)=\frac{(2-1)!\ (1-1)!}{2!}\times 6K+\frac{(2-2)!\ (2-1)!}{2!}\times(9K-2K)=\frac{13}{2}K$$

农户参与龙头企业主导的农产品供应链的利润增加额为：$\frac{5}{2}K-2K=\frac{1}{2}K$

龙头企业利润增加额为：$\frac{13}{2}K-6K=\frac{1}{2}K$

整个农产品供应链的利润增加额：$\frac{5}{2}K+\frac{13}{2}K-(2K+6K)=1K$

由此可见，整个农产品供应链联盟合作增加的利润平均分配给了农户和龙头企业。

三、批发市场主导型农产品供应链的利润分配

假设农户与批发市场单独经营时的利润分别为3K和7K，农户与批

发市场联盟时的合作利润为10K。如表4-6所示。

表4-6 批发市场主导型农产品供应链的利润分配

合作主体组合	利润
农户（F）	3K
批发市场（W）	7K
农户+批发市场（F+W）	10K

根据Shapley值法计算，批发市场主导型农产品供应链联盟模式各参与主体的利润分别为：

$$\Phi_F(v)=\frac{(2-1)!\ (1-1)!}{2!}\times 3K+\frac{(2-2)!\ (2-1)!}{2!}\times(11K-7K)=\frac{7}{2}K$$

$$\Phi_w(v)=\frac{(2-1)!\ (1-1)!}{2!}\times 7K+\frac{(2-2)!\ (2-1)!}{2!}\times(11K-3K)=\frac{15}{2}K$$

农户参与批发市场主导的农产品供应链的利润增加额为：$\frac{7}{2}K-3K=\frac{1}{2}K$

批发市场利润增加额为：$\frac{15}{2}K-7K=\frac{1}{2}K$

整个农产品供应链的利润增加额：$\frac{7}{2}K+\frac{15}{2}K-（3K+7K）=1K$

由此可见，整个农产品供应链联盟合作增加的利润平均分配给了农户和批发市场。

四、结果与结论

如表4-7所示综合三种农产品供应链联盟模式的利润分配结果来看，农户参与合作社主导型、批发市场主导型、龙头企业主导型农产品供应链联盟时，农户参与三级农产品供应链联盟时的利润分配大于农户仅仅参与二级农产品供应链联盟的利润分配，即农户参与合作社主导型农产品供应链联盟模式的利润分配高于农户参与批发市场主导型农产品供应链联盟模式和龙头企业主导型农产品供应链联盟模式的利润分配。因此，对于农户来说，与合作社合作优于与批发市场和龙头企业合作，批发合作社主导的三级农产品供应链模式对农户的吸引力最大。在二级农产品供应链联盟时，Shapley 法是平均分配，而在三级农产品供应链联盟时，Shapley 值法则是按参与主体的边际贡献度分配。按边际贡献度分配的方法对各成员积极性的激励高于简单的平均分配。

表 4-7　农户选择不同合作伙伴的收益

农户选择	农户∪合作社∪企业		农户∪批发市场		农户∪龙头企业		农户单独经营
农户收益	$\frac{21}{6}$K	>	3K	>	2K	≥	2K

从合作社主导型农产品供应链模式的内部利润分配看，在运用 Shapley 值法进行利润分配前，合作社主导型农产品供应链的利润分配情况是农户、企业与合作社的利润分别是 2K、3K、2K，企业在整个农产品供应链分配中得到了最多的利润，运用 Shapley 值法进行利润分配后农户、企业、合作社的利润分别变为了 21/6K、9/2K、5K 整个农产品供应链的合作利润增加了 6K，其中的 3K 分配给了合作社，合作社在整个农产品供应链的利润分配中获得了最多的利润，因为合作社在其主导的农产品供应链联盟中做出的边际贡献最大，因此 Shapley 值法在进行利润分配时给予了合作社更多的利润。

从合作社主导型农产品供应链联盟看，农户、合作社及企业三者参与了合作社主导的农产品供应链联盟之后，利润较之前单独经营时都有所增加；农户与合作社的收益之和大于参与该联盟之前两两合作的收益，农户与企业的收益之和大于参与该联盟之前两两合作的收益，企业与合作社的收益之后又大于参与该联盟之前两两合作的收益，整个农产品供应链的利润之和大于三者联盟之前的利润和。因此，农户、合作社、企业三者参与到合作社主导型的农产品供应链联盟的积极性不仅大于他们各自独立经营时的积极性，而且大于三者之间两两相互合作的积极性，从而在维持农产品供应链联盟稳定的同时也能够提高农产品供应链的竞争力。由于合作社主导型农产品供应链联盟模式的核心成员是合作社，合作社在该模式中发挥着连接农户和企业的关键作用，因此沙普利值法在利润分配时也给予了合作社最多的利润，与合作社在此模式中发挥的作用和做出的贡献相匹配，进一步促进了农产品供应链联盟的稳定，保障了各参与伙伴的合理利益。运用 Shapley 值法进行利润分配时，实际上是基于参与主体边际贡献的分配原则，充分考虑到参与主体在供应链联盟中的重要程度，也符合供应链联盟中存在着核心企业运作的特点。

五、运用 Shapley 值法对农产品供应链联盟进行利润分配的优势及局限性

Shapley 值法体现的是供应链参与成员对所有可能存在的子联盟的边际贡献的平均值，这促使了农产品供应链上的每一个参与成员在考虑自身行为的时候更加注重整体理性，以提高联盟的整体收益，而非从个体理性出发。此分配方法激励所有的合作伙伴都如此决策时便促进了该农产品供应链联盟的稳定性。

以 Shapley 值法为依据进行的分配有别于中间产品转移定价形式的利润分配，企业的利润不再直接与中间产品生产成本挂钩，供应链上成员节约的成本将转化为自身的利润，因此，为了实现自身利润最大化也驱使企业尽一切可能来降低生产成本。同时，Shapley 值法优于仅仅以资源为基准的分配方法，不仅仅以成员对资源占有的多少作为分配依据，而更多地关注供应链资源集成产生的效益和资源的使用效率，不仅能够促进供应链主体加强自身管理以提高资源使用率，并积极寻求与供应链上其他伙伴的合作机会，以此提高整个供应链资源的使用效率，能

够有效避免以企业规模决定分配系数的现象。

现有的农产品供应链联盟的利润分配往往采用投入与报酬比分配法、平均分配，这两种方法都没有考虑到成员参与到联盟后给联盟带来的贡献，没有考虑到加入联盟合作博弈的需要，因而较难发挥通过集合成员优势、分工合作进而提高效率降低成本的优势，无法激发联盟内部成员的积极性。而 Shapley 值法充分考虑成员对联盟的重要性，比以上两种方法更具合理性和公平性，也更能维持联盟的稳定性。

因此，运用沙普利值法对联盟进行利润分配时不仅能够得到对于农户来说最佳的合作伙伴，而且能够在最佳的农业供应链联盟内部进行合理的利润分配，以维持最佳联盟模式中合作伙伴稳定的合作关系。

尽管 Shapley 值模型在对农产品供应链联盟的利润分配时是最合理与公平的，但该模型也存在一些局限性。农户、合作社与企业进行参与到供应链中进行联盟时是有风险的，不一定联盟成功，而 Shapley 值模型假定该联盟的成功率是 100%的。三方在联盟合作时各自承担的风险也有差异，因此在考虑利润分配时对各成员承担的风险进行识别与判定，给风险承担多的成员补偿。

六、不足及展望

三农问题一直以来都是党的工作重点，农民也占据了我国人口的较大比重，因此农民收入问题成为众多学者研究探讨的重点问题。农户作为一个理性人，不断追求农产品利润的最大化，寻找合适的销售渠道和最佳的合作伙伴，探求能给农户带来较高收入的农产品供应链联盟模式。对农产品供应链最优模式的探索，不仅是农户关注的焦点，也是政府政策与扶持的需要，政府只有在把握了农村的实际，把握农产品供应链联盟模式的现状，才能找到政策实施的突破点和关键点。因此，对北京农产品供应链联盟模式现状的把握，对北京农户和当地政府都有重大意义。北京农户在农产品供应链合作伙伴的选择上也有过实践，但合作过程中往往出现一些不尽如人意的现象，导致合作关系的瓦解，其中主要原因是农产品供应链联盟参与主体利润的不合理分配。平均分配相对公平，但往往无法调动参与成员的积极性，对农产品供应链联盟的形成与维系贡献度最大的参与主体，往往无法得到相应的回报，因此农产品供应链联盟的利润分配对联盟的稳定性至关重要，选择何种分配方式能够既满足各参与主体追求利润最大化的诉求，又能充分调动各合作伙伴的积极性成为摆在农户及供应链上其他合作伙伴面临的最大难题。本章在对北京农户实际调查的基础上，初步掌握了北京农产品供应链联盟模式的现状，同时运用沙普利值法对北京农户参与的三种农产品供应链联盟模式进行了利润分配。本章节具体的研究工作和结论如下所述：

对北京郊区的农户进行了问卷调查，在归纳分析问卷调查结果的基础之上，把握了北京农产品供应链联盟模式的现状，对北京用户参与供应链联盟的情况有了大概的了解，得出北京农产品供应链联盟的三种模式，分别是批发市场主导型、龙头企业主导型和合作社主导型，其中合作社主导型农产品供应链联盟模式给农户带来的收入最高，被视为绩效最优模式，而且该模式在北京市农户参与的联盟模式中占比最高，并对合作社主导绩效最优和占比最高的原因分别进行了分析；对三种模式的内涵与特点做了简单的介绍。本书对北京农产品供应链联盟模式存在的问题进行了分析，发现北京农产品供应链存在三大问题：科技落后，科技成果转化困难；农户与批发市场及龙头企业合作存在不稳定现象；农产品物流体系信息化程度低。

本部分详细介绍了沙普利值模型，阐述了模型的假设、公理及内容，然后对农产品主导型、批发市场主导型及龙头企业主导型农产品供应链联盟模式进行了利润分配，将运用沙普利值法后各参与主体得到的利润与之前的利润分配进行了对比，将三种模式下农户的利润分配进行对比，结果表明，运用沙普利值法进行分配，农户从合作社主导型农产品供应链联盟中获得的利润最多且 Shapley 值法能够根据各参与主体在对供应链联盟做出的贡献进行利润分配，该分配方法使得各参与主体参与到联盟并维持联盟的积极性都高于之前的分配。

（一）研究不足

本章的研究仅仅是对北京市农产品供应链联盟模式的初步分析，存在许多不足之处，许多方面还需要进行深入的研究，不足之处具体表现在以下几个方面：

在进行问卷调查时，将注册资金在100万元以上的合作社定为能在供应链中发挥核心作用的大型合作社，但与实际情况有一些差距。本书把注册资金在100万元以上的大户领导建立的、村组织领导建立的和公司建立的合作社都视为合作社主导型农产品供应链联盟模式。但合作社能否在供应链中发挥核心地位很难界定，合作社的规模并不是唯一的界定因素，其他影响合作社处于核心地位的因素有很多，规模并不是唯一界定因素。

本书对北京产品供应链联盟模式中存在的问题缺乏数据的支撑，由于问卷调查的人力和时间有限，未能收集到有关此方面的数据，仅仅是通过访谈和阅读有关文献总结得出问题所在。

运用Shapley值法对合作社主导的农产品供应链联盟进行利润分配时没有考虑到各参与主体在合作中遇到的风险。在激烈的市场竞争中，风险因素无处不在，对在供应链合作中承担着较大风险的参与主体，适当增加其在利润分配中的比重是合理的。本书在运用Shapley值法进行利润分配时，假设各主体的经营风险是均等的，如果同时考虑贡献和风险来进行利润分配将更加符合实际。

本章将给农户带来收入最高的联盟模式视为绩效最优模式，从管理学的角度看，绩效是一个综合的概念，可以用来衡量投入产出比，但本书在研究中仅仅研究了其产出，并将其视为绩效，并未研究投入情况。

（二）未来研究方向

本章研究的是农产品供应链联盟的利润分配，由于Shapley值模型考虑的仅仅是贡献度这一因素，有其局限性，影响供应链利润分配的因素不只于此，投入与成本、消费者及风险都是影响利润分配的重要因素，因此对于农产品供应链联盟利润分配的影响因素研究及影响因素权重的确定是未来研究的重要方向。

农产品的生产面临着很大的风险，风险因素是农产品供应链不可忽视的因素，因此利润分配不仅仅需要考虑参与主体的贡献程度，还需重视各参与主体承担的不同风险，在综合考虑各参与主体的贡献与承担的风险基础上的利润分配将更加合理，也是值得研究的方面。风险控制问题是农产品供应链联盟中不可避免的研究内容。农产品供应链联盟的构建与稳定不仅需要建科学合理的利润分配机制，更需要完善的风险控制方法来避免风险出现和减缓风险带来的损失，需要对联盟过程中可能出现的风险进行分析、评价并采取相应的风险防范措施，最大限度地将风险掌握在可控范围之内，减少风险带来的不确定性和损失。例如，农产品供应链联盟中的风险识别、风险评价及风险处理等方面，都是未来进一步可以研究的内容与方向。

本章使用的模型建立在供应链参与主体之间信息是对称的假设之上，而在实际中，各参与主体的信息往往是不对称的，包括价格信息不对称、需求信息不对称以及服务成本等信息不对称。因此，在信息不对称条件下研究农产品供应链的供应链利润分配问题是一个具有研究价值的方向。

农产品供应链利润分配机制方面。利润分配机制不同于利润分配方法，分配机制是一个更广泛的概念，一个良好的机制除了合理的分配方法，还包括一套良好的制度，以确保合理分配方法的顺利实施。如何设计一套良好的分配制度来保证分配方法的实施，以构造完善的分配机制是未来可以关注的研究方向。

第三节　农产品供应链联盟 Shapley 值博弈分析

上一节基于问卷得出的北京市农产品供应链联盟模式，运用沙普利值法对其利润分配进行分析。本节进一步放宽条件，不仅仅针对北京市的农产品供应链联盟的利润分配进行分析，而是针对普遍的供应链联盟的利润分配机制进行分析，并在沙普利值中引入博弈论的思维。

本节在把握面向联盟博弈的博弈机制的基础上，以首都为例，分析“首都农产品市场中农户最佳合作伙伴选择”模型，从揭示联盟博弈理论在北京农产品市场中农户合作伙伴选择所突显的内在价值出发，研究联盟博弈理论中参与者合作博弈与首都不同农产品市场供应链中农户的实际收益之间的关系，进而进行基于联盟博弈中沙普利值算法的农户合作伙伴选择。具体内容有以下几个方面：

（1）联盟博弈理论中联盟条件分析。市场中的理性经济人往往考虑自身利益优先，在自然条件下，由于信息不完全对称，市场上往往存在一些投机者，意图破坏联盟合约，以获得暂时的高收益，因此要形成稳定的联盟需要达到一定的条件，消除导致联盟不稳定的因素和干扰。本部分将对联盟条件进行具体的分析。

（2）沙普利值对首都农产品市场供应链联盟的作用机制研究。在联盟博弈中，为了维持联盟的稳定，保证联盟参与者的收益，内部利益分配方式对此有十分关键的影响。在农产品市场中，大多参与者并不能科学地互相协商利益分配问题，由此带来诸多问题而影响效率和联盟，这些都可以通过沙普利值算法来公平公正分配联盟内部收益以维持其公正性。

（3）首都农户参与不同市场供应链收益的实证分析。在现实市场中，出于种种原因，可能存在一些投机主义者希望通过不合作来获得一时的高收益，然而这却破坏了现有的联盟导致长期的更高的收益受损。本部分将通过对农户参与不同市场供应链收益的实证研究，以沙普利值为衡量指标，通过比较农户在不同供应链中的收益状况来探讨农户所能获得最大收益的合作模式。

运用博弈论分析农产品供应链收益存在一定的困难。一是在现实市场中，供应链上不同的参与者的实际收益数据很难收集统一比较，这当中涉及农户个人收入隐私，可能导致其对调查问题的不真实回答，如何尽量地采集真实数据成为本书拟突破的一个难点。二是对于供应链上不同的参与者的实际收益比较，如何寻找一个统一的衡量标准也将成为本书的一个难点。

运用博弈论分析农产品供应链收益创新之处在于：

（1）独特的研究视角。本书所研究的面向易腐农产品市场中各方的收益分配，既不是单纯技术视角的高新技术合作伙伴选择，也不是经济、管理视角的内部合作伙伴的成本分析，而是，从合作博弈的创新视角研究基于联盟博弈理论的农产品市场供应链协调收益分配研究。

（2）先进的研究方法。本书借鉴沙普利值算法的农产品市场中农户受益指标，为供应链上不同的参与者的实际收益分配提供理论基础和价值导向。统一的沙普利值算法算出的沙普利值有利于直观地比较最终得出的结果，而且便于比较。

一、农产品供应链联盟 Shapley 值博弈分析

鉴于篇幅有限，在这里省却沙普利值的证明过程。最终的沙普利值的算法公式：

$$\varphi_i[\upsilon]=\sum[[n-|S|]![|S|-1]!/n!](\upsilon(S)-\upsilon(S/i))(S\in S_i)$$

式中，$\varphi_i[\upsilon]$ 表示该成员的沙普利值，S_i 表示包含 I 中成员 i 的所有子集，$|S|$ 表示 S 中成员的个数，$\upsilon(S/i)$ 表示该联盟中除去该成

员 i 后的联盟收益。

我们假设：现有{1，2，3，4}为一个博弈集合，包括零售商 1，批发市场 2，农联组织 3，农户 4。为形成一条完整的供应链，可能存在的联盟有：T({1，2，4}，{1，3，4}，{1，4}，{2，4})。V(T)为联盟 T 中所有成员共同生产出的联盟总收益。关于如何在联盟内部进行合理高效分配联盟总收益，我们可以通过计算联盟的沙普利值得出最佳分配方案。

现在假设在某个农产品市场条件中，上述各个联盟所对应的总收益如下：

(1) 零售商 1 单独生产，获利为 a，即 v(1)=a，v(1)=0，v(i)=0，i=2，3，4；(单个个体没有形成联盟，因此联盟总收益为 0)

(2) 零售商 1 与农户直接联盟，获利为 b，即 v(1，4)=b；

(3) 零售商 1、批发市场 2 和农户 4 联盟形成的供应链联盟，获利为 c，即 v(1，2，4)=c；

(4) 零售商 1、批发市场 2 和农联组织 3 联盟形成的供应链联盟，获利为 d，即 v(1，3，4)=d；

(5) 批发市场 2 与农户 4 联盟，获利为 e，即 v(2，4)=e；

(6) 农联组织 3 和农户 4 联盟，获利为 f，即 v(3，4)=f。

我们假定在理想状况中，零售商作为整条供应链的末端的直接出售者，它几乎不能影响在供应链前两部分参与者的收益，那么：

由联盟 {1，2，4} 与联盟 {2，4}，联盟 {1，3，4} 与联盟 {3，4} 总收益分别相互作差，可以得到近似的零售商 1 在这两组三方联盟中的收益 P1，P2。

而，根据实际情况：通常，b>a、c>e、d>f，且零售商 1 在 {1，3，4} 联盟中所获得利益是最大的。

因此 P2>P1，即：d−f>c−e。

运用上文提到的沙普利值公式：

$$\varphi_i[\upsilon]=\sum[[(n-|S|)!][(|S|-1)!/n!](\upsilon(S)-\upsilon(S/i))(S\in S_i)$$

式中，$\varphi_i[\upsilon]$表示该成员的沙普利值，S_i 表示包含 I 中成员 i 的所有子集，|S|表示 S 中成员的个数，$\upsilon(S/i)$表示该联盟中除去该成员 i 后的联盟收益。

把上文中四条供应链设定的数据代入沙普利值公式，对各联盟中零售商 1 和农户 4 的沙普利值求解，则

1）在联盟｛1，4｝中：

$\varphi1=(1!\ 0!)/2!\cdot(b-0)+(0!\ 1!)/2!\cdot(a-0)=(a+b)/2$

$\varphi4=(1!\ 0!)/2!\cdot(b-a)+0!\ /2!\cdot(0-0)=(b-a)/2$

2）在联盟｛1，2，4｝中：

$\varphi1=2/6(c-v24)+1/6(v12-v2)+1/6(v14-v4)+2/6(v1-v\varphi)=1/3(c-e)+1/6(b-a)$

$\varphi4=2/6(c-v12)+1/6(v14-v1)+1/6(v24-v2)+2/6(v4-v\varphi)=1/3c+1/6b+1/6e+1/3a$

（注：vφ 表示在该联盟中子集为空集时代表的收益）

3）在联盟｛1，3，4｝中：

$\varphi1=2/6(d-v34)+1/6(v13-v3)+1/6(v14-v4)+2/6(v1-v\varphi)=1/3(d-f)+1/6(b-a)$

$\varphi4=2/6(d-v13)+1/6(v14-v1)+1/6(v34-v3)+1/6(v4-v\varphi)=1/3d+1/6b+1/6f+1/3a$

4）在联盟｛2，4｝中：

$\varphi4=1/2(v24-v2)-1/2a=(e+a)/2$

根据上文从实际环境中得到的条件：b>a、c>e、d>f，且 d-f>c-e，可以对比上述四种模式下的零售商 1 和农户 4 的沙普利值：联盟 T=｛1，3，4｝时零售商的收益：1/3(d-f)+1/6(b-a)大于 T=｛1，2，4｝时零售商的收益：1/3(c-e)+1/6(b-a)，更大于其他模式下的收益。而对于农户来说，在联盟｛1，3，4｝中的收益：1/3d+1/6b+1/6f+1/3a 相比于其

他模式下的收益也是最大的。因此，我们可以得出结论，农户在“农户—农联组织—零售商—消费者”模式中的收益状况是最佳的，同时由于整个联盟能产生在当前生产条件下的最大经济利益，而且联盟内部的收益分配方式合理，那么这种模式是在当前可能存在的联盟中最稳定的。

我们通过对“农户—农联组织—零售商—消费者”等模式的联盟沙普利值计算，向大家详细分析了在供应链联盟内部利益分配方式——“沙普利值算法”，得出在农产品市场供应链中各参与者所应获得的收益比，这个收益比不仅能够保证整个供应链所创造的收益最大，还能使得联盟参与者个人的收益最大，这是一种能够实现长期收益最大的收益分配方式。这一结论也印证了此前的结论，即“农户—农联组织—零售商—消费者”模式是农户最佳模式，有利于保障农户的正常合法收益，提高农户经济收入水平。

二、农产品供应链联盟的稳定性分析

上文我们已经能够确定“供应链联盟”的这种合作方式能够给所有的联盟参与者带来收益最大，实现农户收益最佳，这点十分有利于社会经济的发展。然而，这种结果在理论上确实可行，而在现实市场中，并不是所有的人都能自发地形成“联盟”式的合作博弈。形成这种现象的原因是多方面的，譬如信息不对称，市场中的潜在联盟者未能获得足够的信息从而做出基于正常理性人的经济决策，在这种情况下，这些潜在联盟者或选择不合作或选择短期合作等，这些都不符合联盟博弈所能实现的长期巨大收益条件。因此，需要人为地设置一些条约规范联盟参与者的行为。在一个供应链联盟中，任意两个博弈主体之间的博弈矩阵是相似的，我们可以参照纳什“囚徒困境”博弈矩阵列出相应矩阵。下面我们将就“农产品市场供应链”中的农户与农联组织之间的博弈过程来说明在形成和维护联盟稳定中，如何加强联盟。

二者相关利益的博弈矩阵如表 4-8 所示。

表 4-8 博弈矩阵

农户＼农联组织	合作	不合作
合作	(A, B)	(-C, 0)
不合作	(0, -D)	(0, 0)

(1) 当农户和农联组织共同协商制定一个新的方案时，二者可以均可获利，分别为 A 和 B。

(2) 当农户选择合作而农联组织不合作时，如农户保持现状不做出任何改变，而农联组织在向农户收购农产品时压低收购价格，此时农户自身收益将减少，所以农户将会损失一定的利益 C。

(3) 当农户选择不合作而农联组织合作时，如农户不经协商向农联组织要求更高的收购费用，而农联组织默许农户的要求，这将会使农联组织损失一定的利益 D。

(4) 当二者都不合作时，如农户向农联组织强制要求提高收购费用，而农联组织可能终止与该农户的合作。为了后文计算简便，我们假定此时二者的收益均为 0，这种结果是低效的。当然，最好的情况是二者共同协商，合作的结果是高效的。

综上，我们可以得到的启示是：受信息不完全对称等因素的影响，当个人理性追求自身利益的时候，他们几乎不可能自发地组成一个稳定的联盟。

三、结论

通过上述分析可以看出，农产品供应链联盟绩效与稳定性很大程度上取决于利益分配是否公平合理。为此，要考虑制定合理的利益分配机制以及保证利益分配的公平性，为进一步的合作建立良好的基础。

无论是合作博弈，非合作博弈，博弈方的目的都是自身的利益（不考虑道德因素）。而在这些博弈之中，尤其是合作博弈，信任问题和信息对称问题都是在作出决策时所要面对的问题的重中之重。而信任问题、资源配置问题的解决方法可以是由理性经济人追求自身利益所主导的，有利可图可促进联盟的形成。彼此之间的信任问题在追求利益的目标已达成后即可得到解决，在此不考虑任何个人情感因素的影响；而通过沙普利值进行的内部利益分配则可保证联盟内成员的利益，从而维持联盟的稳定运行。信息不对称问题可以通过人为设计市场来得到解决。同样的，在我们寻求最大利益的时候，可以寻找稳定联盟为直接目标，毕竟，当稳定联盟形成后，联盟内的成员的利益才能达到当前可能的最大水平，这一点也许可以为我们在市场中为实现最佳收益的经济行为作出重要指导。

四、农产品供应链联盟战略建议

从上文我们也可以看出，在现实自然形成的市场中，竞争的关系很容易形成，而合作关系则相对较难形成和维持稳定。形成这种现象的原因有很多，如信息不对称、博弈主体的理性程度以及联盟内部的收益分配等。针对这种现象，要求人为地创造一个相对理想的环境和制度用以促成联盟的形成及维持稳定。在这里，我们综合全文，对如何促进农产品供应链联盟给出四点建议：

（一）尽量实现信息对称

这涉及市场主体对市场环境的认知以及对合作伙伴的信任程度，现实自然市场中的市场环境复杂多变，基本上无法实现信息对称，但却可以人为设计一个市场，通过这个经过“特殊设计”的市场消除信息不对称，以帮助参与者实现理性决策。同时，联盟中的参与者之间的交流同样重要，从纳什的“囚徒困境”博弈矩阵我们可以了解到，破坏联盟的行为往往来源于合作伙伴之间的信任缺失，也即是信息交流不通畅导致的信息不对称。

（二）尽可能大地提高联盟收益

除却道德伦理等因素，在市场中的理性经济人都是以经济利益最大化为目标，从上述的博弈矩阵我们可以看出，当二者形成联盟时，联盟总体收益为 A+B，若 A+B 的值越大，市场中的双方将更倾向于联盟的策略。不但如此，高水平的合作收益能够防止投机性破坏联盟的行为。我们同样可以举例说明：假设在当前环境中存在一个联盟整体收益更大的联盟 a，那么，我们可以看到，在联盟 a 中参与者合理分配的收益将会比其他联盟整体收益较小的联盟中的个体收益要多，也就是说在没有达到联盟整体收益最大的联盟中的个体有动机向联盟整体收益最大的联盟流动，这也就导致该联盟不稳定，最终解体。为了便于读者理解，我们可以举个例子：假设某一联盟由三名成员 a、b、c 组成，联盟形成后的可能最大总收益为 60。a 单干收益为 20，b、c 单干收益为 10；但是 a 与 b、c 中任何一位形成联盟则收益达到 45；b、c 联盟收益可达 25。很显然，最好的结果是 a、b、c 三人联盟，资源集中创造的价值是最大的，但通过细致地分析：从 a 的角度看，是否联盟要看联盟后自己的收益能否比其他的方案更高。在三人联盟中，b、c 至少要获得 25 的收益，否则他们没有意愿和 a 结成联盟。而 a 可以在三人联盟中最多获得 35 的收益。当 a 与任意一人结成两人联盟时，a 最多获得的收益为 32.5。但是，当三人联盟的实际总收益小于 57.5 时，三人联盟中 a 获得的收益可能会比其他匹配方式要低，因此 a 有意愿排斥三人联盟，说明这种联盟是不稳定的。因此，沙普利指出联盟必须实现收益最大化才能稳定。事实证明，合作社模式能够高效地帮助集散农产品，并且极大地降低各项成本，以提高整体的总收益。从当前情况看，这种模式无疑可以视为整体收益最大的联盟模式。

（三）在联盟内部要保持公平公正的利益分配——沙普利值

众所周知，在市场中唯一引导经济人行为的就是利益（除却道德因素)，在无限重复博弈过程中，我们可以看到的是：博弈多方的信息在不断地完善，信息不对称的缺陷逐渐消除，博弈者对自身及其他博弈者在联盟合作中发挥的作用程度越来越明确。假设在未来某个时点，信息实现完全对称，联盟中的博弈者都将清楚自己在这个“最佳合作模式”中应该且能够得到收益。联盟博弈理论中的沙普利值则能够计算出这个收益分配比，在最初的博弈中就能实现高效的分配模式。这一点我们可以通过沙普利值算法来保证，使联盟内部成员按照各自的贡献获得其应有的收益。

(四) 绝对执行的“冷酷策略”

就“农户和农联组织”来说，关于二者的博弈选择哪种情况是有一定概率的。我们假设：农户选择合作的概率为 a，农联组织选择合作的概率为 b，则：

$$T=a[bA+(1-b)(-C)]+0(1-a)=abA+abC-aC=a[(A+C)b-C]$$

由上可知，我们假设概率 a 为常数，当$[(A+C)b-C]$越大时，农户的收益 T 就越大，由$[(A+C)b-C]=bA-(1-b)C$可知，我们假设概率 b 为常数时，A-C 的值越大，上式的值越大。这就意味着，当联盟参与者破坏联盟所付出的代价-C 与合作所获得的收益+A 的代数和越大时，参与者就越倾向于合作；反之，倾向于投机。在不断的重复性博弈中，长期合作的利益无疑是远大于眼前的利益的，但是联盟博弈的参与者也许并不能看到这一点。这需要一个具有绝对执行力的奖惩措施。例如，降低其不合作的收益或提升其不合作的损失，此外，还可以提升其合作的收益(在上文已经证明)等。

通过上述分析可以看出，农产品供应链联盟绩效与稳定性很大程度上取决于利益分配是否公平合理。为此，要考虑制定合理的利益分配机制以及保证利益分配的公平性，为进一步的合作建立良好的基础。

无论是合作博弈还是非合作博弈，博弈方的目的都是自身的利益(不考虑道德因素)。而在这些博弈之中，尤其是合作博弈，信任问题和信息对称问题都是在作出决策是所要面对的问题的重中之重。而信任问题、资源配置问题的解决方法可以是由理性经济人追求自身利益所主导的，有利可图可促进联盟的形成。彼此之间的信任问题在追求利益的目标已达成后即可得到解决，在此不考虑任何个人情感因素的影响；而通过沙普利值进行的内部利益分配则可保证联盟内成员的利益，从而维持联盟的稳定运行。信息不对称问题可以通过人为设计市场来得到解决。同样的，在我们寻求最大利益的时候，可以寻找稳定联盟为直接目标，毕竟当稳定联盟形成后，联盟内的成员的利益才能达到当前可能的最大水平，这一点也许可以为我们在市场中为实现最佳收益的经济行为作出重要指导。

第五章　构建和改进供应链利润分配新模型

农产品供应链是供应链思想在农产品行业的引入，对于农产品相关行业的竞争力提升有确实的好处，但农产品供应链中由于各组成部分力量分布不均、信息不对称等问题，导致利益分配不均，尤其是在生产方，农户联盟的利润尤其得不到保证被过多的中介组织剥夺。本章以北京农产品供应链为案例，通过建模来构建对农户联盟的最优的利益分配机制。在需求端确定的情况下，通过农户联盟的横向联合以及农户联盟的向供应链下游的渗透，可以使农户联盟得到更多的利益。通过农户联盟利润的提升，可以增加农户的生产积极性，促进农业现代化。

本章通过自建模型，对农产品供应链利润分配进行再讨论，并从农户、供应链总体等角度对利润分配模型进行在讨论。

第一节　模型构建基础

一、研究背景

（一）农产品相关行业纵向一体化必要性分析

作为人口数量世界第一的国家，农业的发展对中国来说毋庸置疑地重要。伴随着科技的发展，农产品的供应渐渐呈现出供大于求的状况。另外，经济的迅速发展使得居民的收入及消费水平得到极大的改善，人们在食品方面的需求不断升级。食品质量安全、农产品深加工、农产品贸易全球化等问题，一个又一个呈现在农产品相关企业的面前，如何增强自身竞争力成为研究的热点。随着经济全球化的影响不断地深入，企业竞争环境日渐复杂，供应链相关理论在企业界的应用毫无疑问促进了企业健康顺利的发展。农产品相关行业如果想在全球化的浪潮冲击下，顺利的壮大发展，引入供应链概念，实现纵向一体化，实现农产品供应链的建设和发展是最佳选择。

从长远角度看，农产品供应链作为一种先进的农业生产组织方式，如果发展不断加深，不仅会给农产品各个组成部分都带来利益，同时在农产品相关行业发展方面及农业本身现代化方面产生确实的促进效果。但是，现状是，农产品供应链的发展并不是一帆风顺的，归根结底，问题来自利益分配的不均衡。

（二）农民经济合作组织必要性分析

利益是农产品供应链上所有组成部分所追求的根本。利益分配不均衡，毫无疑问地会影响供应链本身的建设和发展，特别是农户由于知识、规模、资本、信息等各方面的局限，在利益分配方面处于弱势，抑制了农民从事农业生产的积极性，不利于供应链的建设发展及农业的现代化发展。所以农民的利益分配问题是农产品供应链发展过程中亟须解决的一个问题。

农户们通过形成农民经济合作组织，可以克服自己本身的缺点，可以扩大自己本身的规模，在资本、信息、知识等方面的好处，提升自己在农产品供应链内部的地位，获得更大的发语权，使生产者得到好处。

二、研究目的和意义

本章以北京现在农产品供应链为视角，对农产品供应链利益分配模式进行研究，从农户联盟的利益出发，进而得出在符合现在北京农产品现状的条件下，建立合理的利益分配机制，促使利益在各个成员之间达到均衡，使作为农产品供应链最上游的农户所得利益得到保障。

供应链管理有两个目标，分别是最大限度地满足顾客和最小限度地节约成本。为了达到这一目标，需要供应各个节点之间的有效合作。通过合理化利润分配，使农户所得收入提高，增加农户生产积极性，提升在农产品供应链中流动的农产品质量及其在供应链中各成员伙伴之间建立信任关系，进而提高农产品供应链的稳定性及安全，促进农产品供应链发展，增强竞争力，推进农业现代化进程。

三、国内外研究动态

农产品供应链是供应链思想在农产品的生产、加工和流通环节的应用，国内外针对此已有比较成熟的探讨，但大部分都集中在风险、物流、组织体系、管理绩效、采购策略等方面。但利润分配这个问题也渐渐地出现在文献研究之中。

郭丽华、张明玉（2006）从物流和效率方面对供应链利益方面进行研究，提出在物流实践中引入供应链理论。

赵晓飞、李崇光（2008）从供应链联盟的角度，探讨农产品供应链联盟如何对相关利益进行合理分配，构建了农产品供应链联盟有效的利润分配方法，指出供应链重要环节的企业是供应链的中心，通过信息管理和绩效审查来分配利益。

林略、但斌、杨书萍（2011）研究了利益共享模式下易腐农产品的三级供应链的成员利润分配问题，并得出收益契约参数在一定的范围，能够使所有参与成员的利益达到均衡。

仇莉、阎维杰（2011）从农产品供应链最大限度地发挥所有参与者的利润的角度出发，求出此时最优的市场需求量，并以此改善和指导参与者之间的相互关系，对合作社与超市及农民之间的分配问题展开了深入探讨。

宋新峰（2012）通过模型构建和权重分析，构建了如何对农产品供应链中生产者进行风险防御衡量的方法，从而得出更优的利益统筹机制。

国外的相关研究者也对该问题进行了研究，Hobbs（2009）运用交易成本理论对农产品供应链的上下游的统筹问题展开的研究。Burer（2011）对农业产品的种子供应链中统筹问题中的不同统筹契约问题展开分析。

四、研究思路和方法

本章首先对农产品供应链以及农户联盟相关概念进行介绍分析，然后对北京农产品模式进行描述分析，从而通过简单模型的构建，以北京农产品供应链为视角，基于农户联盟的利益为目的，得出农户联盟获得利益最大化的方式。

五、农产品供应链利益分配机制的相关理论基础分析

农产品供应链相关概念

1. 农产品供应链的定义

供应链可回溯到波特的《竞争优势》上提出的价值链模型上，认为所有企业内部可能存在的可以创造利益的生产活动，在相互作用的基础上，构成了创造价值的一个过程，该过程可看作价值链定义的雏形。

随着理论研究及实践的发展，供应链的相关概念越来越被清晰的定义，它作为价值的传导渠道，是由从原材料到消费者整个链条上的所有参与者相关活动构成的链条。

现代农业也引入了供应链管理的理论，并应用到具体的方法上，这促进了农业的进步。农产品供应链也是农业上从耕种到消费者整个过程所有参与者相关活动构成的链条。通过物资、信息和资金等的不断流动

将各个链接点进行连接、控制、调节，使各部分组成一个整体。

2. 农产品供应链模型分析

要实现农产品供应链成员之间的长期交易，内部利润分配、合伙人选择、供应链绩效的评价、激励、约束等必要问题，就必须通过供应链内的一个节点作为该供应链的核心来衡量解决。根据作为核心的企业的性质的不同，农产品供应链一般可以分为以下几种：

（1）以批发市场为核心的农产品供应链。把批发市场看作农产品供应链核心，如图 5-1 所示。上游与一级批发商直接相连，通过批发商对农产品的运输，进而与生产者进行衔接，然后通过公开买卖，与二级批发商、零售商、加工业、超市等进行衔接。但从客观角度看，批发市场并不是农产品供应链的主体，只是为农产品交易提供场所，这个身份有好处也有坏处。因为并非供应链内主体，使批发市场能够以监督方的角色加入供应链来，可以对市场进行及时反应，担任信息公布，对上下游企业成员进行资格审核，对交易的公平性进行监督，能促进农产品供应链顺利健康的发展。但也正是因为批发市场不是供应链主体，存在上下游企业跳过自己进行相互联系的可能。同时，因为批发市场是中介组织，对上下游企业会有一定的利润剥夺作用。

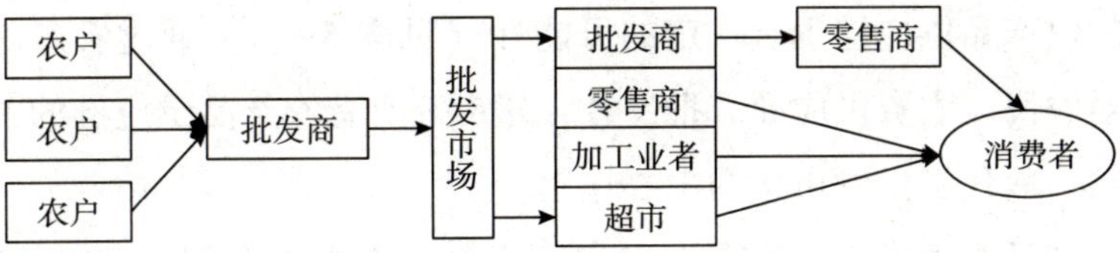

图 5-1　以企业化的批发市场为核心的农产品供应链

资料来源：张学志，陈功玉．我国农产品供应链的运作模式选择［J］．中国流通经济，2009（1）．

产销一体化的农业集团是农业集团本身凭借实力打造农产品供应链，以此作为核心部分，主导农产品生产和农产品物流运作体系，如图 5-2 所示。

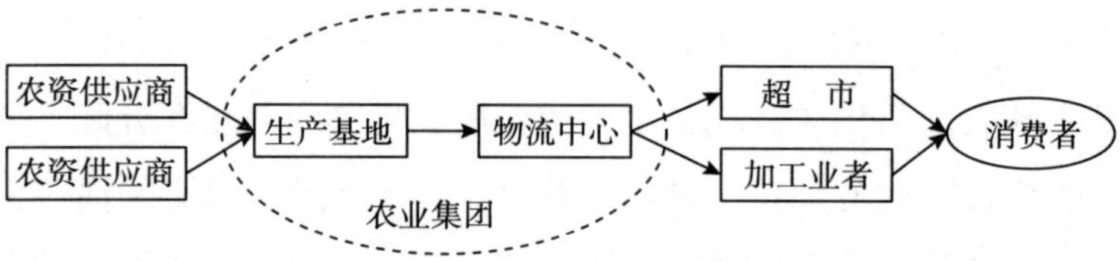

图 5-2　以产供销一体化的农业集团为核心的农产品供应链

资料来源：张学志，陈功玉．我国农产品供应链的运作模式选择［J］．中国流通经济，2009（1）．

农业集团，向上链接农资供应商，向下链接超市等零售商和再加工者，通过对生产和物流的掌控，使整条供应链无缝连接，不仅可以第一时间了解市场变化并且进行调节，同时也方便对供应链的管理，彻底颠覆了原来农业上规模很小的局面，形成“基地一体化，信息一体化，市场一体化”这种大农业格局。但该模型对相关重要企业的能力有很大要求，既需要从事开发生产，也涉及市场开拓，还要负责物流运输，这要求核心企业有风险承担能力，对信息的探知、理解、掌控和反应能力，还需要具备协调供应链各部分的能力。

（2）以农产品配送中心为核心的农产品供应链。由于自身的季节性和生产者的分散性以及农产品运输所需要的专业性，以第三方物流为核心的农产品供应链也有一定的可能性（见图 5-3）。通过农产品配送中心对农民、农资供应商、批发者、超市等所有农产品供应链的节点进行连接，取代了批发市场的中心作用。

农产品配送中心为所有农户和经营参与者提供存储、运输等功能。由于专业从事农产品配送，对于农产品运输、仓储等成本能起到一定的节约作用，通过节约成本，使得供应链内总成本减少。但物流行业并没有从事农产品生产，没法从生产的角度对农产品市场的变化进行第一时间的反应，所以这种模型在信息流动方面存在一定隐患。

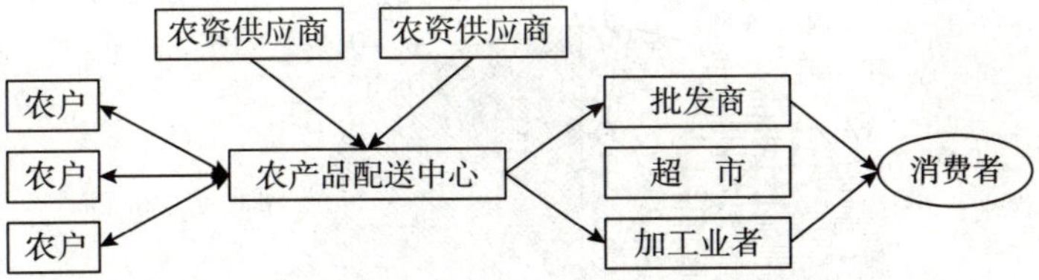

图 5-3　以农产品配送中心为核心的农产品供应链

资料来源：张学志，陈功玉．我国农产品供应链的运作模式选择［J］．中国流通经济，2009（1）．

第二节　北京市农产品供应链组织利益分配现状分析

一、北京市农产品供应链组织模式现状

根据北京市 2014 年年报，北京常住人口为 2151.6 万人，农村人口为 292.6 万人，占北京常住人口的比重为 13.6%。GDP 为 21330.8 亿元，按产业划分，第一产业为 159 亿元，占总体比重 0.7%，按行业划分，农、林、牧、渔业的总产值为 161.3 亿元，占总体比重 0.8%。根据历年来的年报，北京农业人口比例和农业总产值的比例都呈现下降趋势。

北京市新发地等农产品市场公开的 2014 年蔬菜和水果来源比例，如图 5-4、图 5-5 所示。

批发市场蔬菜的主要来源为山东与河北，北京本地生产的蔬菜占 7%；水果的主要来源为山东与河北，北京本地所生产的水果占总体的 2%。因此可以得出结论，北京本市内生产的农产品不足以满足北京的

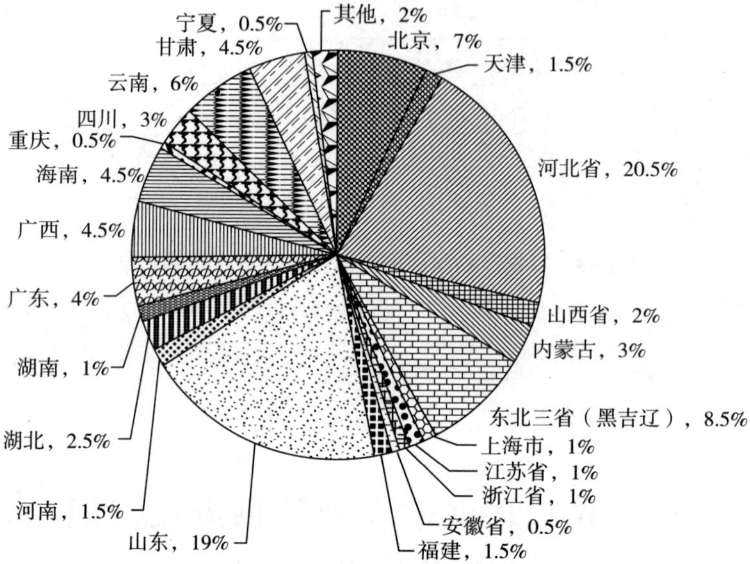

图 5-4　2014 年新发地蔬菜来源分布比例

资料来源：北京市新发地批发市场官网，2015 年最新公告。

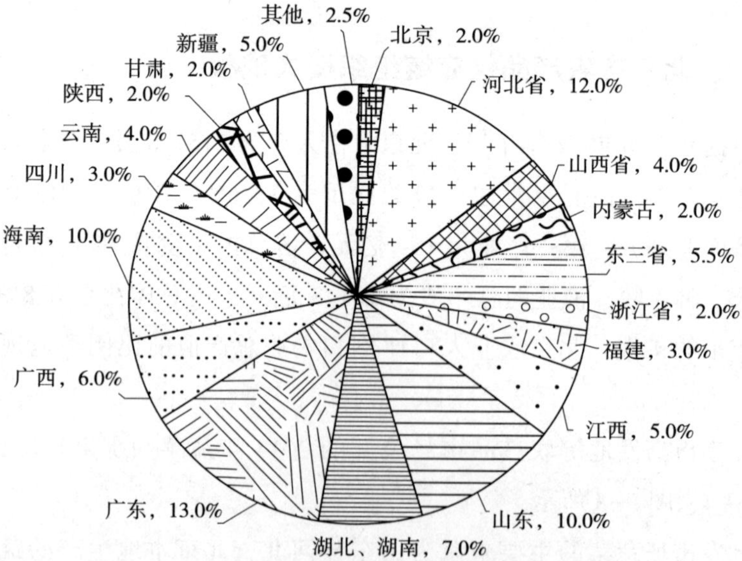

图 5-5　2014 年新发地批发市场水果来源比例

资料来源：北京市新发地批发市场官网，2015 年最新公告。

消费需求，北京市逐渐呈现出销地市场特征，北京农产品供应链可以描述为以批发市场为核心的农产品供应链。

二、北京市农户合作组织现状介绍

为了支持农民专业社合作社的发展，促进农业和农村的发展，2006年10月31日，《中华人民共和国农民专业合作社法》颁布。从该法案开始实施以来，北京农民专业合作组织进入了较快发展的时期，从2007年的1203个发展到2012年的5286个，截至2014年底，全市已经有6100多家农民专业合作社①。

（一）农户联盟的定义

联盟的基本含义是“为某种目的联合”。农户联盟属于农民经济合作组织的一种，是由农业从业者为了其共同利益，按照平等自愿等原则，通过共同经营而构建的经济组织。

所以，可以得出农户联盟的概念，两个或两个以上的农户之间为了经济上的目的形成的一种联合关系，该联合不仅包括农资采购，也包括生产互助、信息分享、技术交流、与供应链下游交易谈判等方面。作为农民经济合作组织的一种形式，主要包含以下特点：

（1）主体是农户，建立在农户自愿的基础上形成的经济合作组织，是多个农户之间的横向联合，成员间属于弱竞争强合作关系。

（2）农户之间资源的集合，包括农户的资金、土地、信息、技术以及人力等方面的集合。

（3）核心目的，将个体、分散的农户进行联合，改变农户在供应链中的劣势地位，为农户谋求更大利益。

（二）北京市现下农户合作组织主要组织形式

1. 以专业服务为纽带的农民专业合作经济组织

这种通常比较规范、完善的机构，与组织成员相互的关系比较紧

---

① 参考自农村经济研究中心2014年最新数据。

密。成员在组织内服从相关的制度安排，付出义务，同时享受他们为农户提供的从生产到销售等一系列的服务的权利。

2. 以集体资产为纽带的社区股份合作经济组织

农民通过集体经济产权制度改革，以集体资产为纽带，形成社区股份合作经济组织。资产交由组织管，农民成为集体资产的股东。现在普遍形成了比较规范的公司管理模式，成员拥有比较全面的权利，并且为共有资产提供了合理的管理经营机制，为扩大农户、防止共有损失提供了保障制度。组织会将共有资产按成员的参与量折算成股份，按股量进行分红。截至 2011 年底，北京有 3645 个乡村集体经济组织完成了产权制度改革。

3. 以土地为纽带的土地股份合作社

以土地为纽带的土地股份合作社，是指通过坚持土地承包经营权不变的前提下，通过土地入股和土地流转，形成土地股份合作社。目前主要有两种：第一种，农民以土地承包经营权入股，将集中起来的地统一开发，由农业公司或承包的大户进行管理和耕作，合作社本身从不从事具体的耕种管理工作，土地出租者只需要获取土地的出租费用；第二种，土地所有者将土地的承包经营权转移到合作社，由其统一管理，并组织本身的农户参加生产劳动，或者将部分土地反包给农户管理。

（三）北京市农村合作经济组织发展存在的问题

农村合作经济组织建立的目的是维护农民自身的权益，促进农业发展，形成使农民持续增收的长效机制。但是，在发展中存在着以下一些问题：

1. 发展形势上缺乏多样性

北京市的农业合作社在发展形式上存在很大的单一性问题，农民专业及社区股份合作形成的组织最为多见，这限制了其发展和壮大。

2. 存在“小、弱、散”的现象

2012 年末，北京市农民社区合作社 5179 个，成员数约 24.1 万个，使得非成员农户数转化约20.4万户。也就是说，每个合作社的成员平均46.5个，辐射带动39.4户。合作社成员在几十人的规模上，远远不足以在市场竞争中与企业谈判，维护合理的权益，同时这种规模也无法准确掌握农产品供给与需求的平衡关系，无法有效地配置资源。

3. 合作社内部成员具有异质性

实践中，农业合作社表现为大户带领组建合作社，或者企业带领创建合作社，长而久之，会出现合作社被少数人控制，无法实现民主管理，经营决策权由少数人承担，剩余利益也由核心成员获取等。小户成员在合作社内部，仍然处于弱势地位。

4. 制度供给不足

目前，除了《中华人民共和国农民专业合作社法》对专业合作社给予的肯定和支持，再无其他类型的法律保障，使很多团体无法在民政部门登记，导致了登记注册方面的混乱。

三、北京农产品供应链利益分配现状描述

（一）北京农产品供应链利益分配现状介绍

北京农产品供应链的组织模式现状与以批发市场为核心的农产品供应链相符，各地农户将产品运输到市场，或由一级批发商负责运输，或由批发市场派遣物流与农产品批发商进行对接，然后通过在市场上公开买卖，与二级批发商、零售商、加工商、超市等进行衔接。在此模型中，批发市场毫无疑问位于供应链主导地位而，其他环节都处于从属地位。

根据斯坦克尔伯格博弈模型，在供应链内决策通常都是由较强的一方先进行选择，较弱的一方根据较强一方的选择进行选择。北京农产品供应链总利润是以批发市场实现自己利益最大化为前提而实现的。批发市场并不是农产品供应链中的主体部分，只是一个公开市场，不参与农产品生产、加工等活动，属于农户与最终消费者之间的中介组织，主要

有以下两种方式获益：

1. 摊位费

（1）按照固定收费标准守费。

（2）摊位招标，每一年或者半年一收。

（3）摊位除了按照固定标准收费外，对选号顺序进行收费。

2. 交易手续费

（1）以成交额度为基础，进行比例收费。

（2）以车辆在进入时的具体重量，根据品种的不同收取不同的车辆进场费。

（3）在进行交易前交付费用，出场根据情况结算。

（4）手续费和进场费同时收取。

（二）有些批发市场其他盈利方式

1. 配送业务收入

其优势在于通过参与物流终端运输，有利于对终端市场的有效扩展，以此获得更大的市场份额，通过扩大的市场份额提高自己的收入。

2. 财政补助

农产品市场的功能主要有价格发现和信息发布，食品卫生检验检测。这部分功能属于对整条农产品供应链有益处的公益性功能，这部分公益性支出受国家补助。

北京市新发地交易市场是北京乃至亚洲最大的农产品交易市场，市场占地1620亩，日吐蔬菜量1.6万吨，果品1.6万吨，以及各种生鲜、水产，负担着京都80%的农产品供应①。

新发地农产品批发交易市场主要收取费用的项目有：对买卖双方收取进场费、出场费、车位费、市场交易费等，对商贩收取市场管理费用、卫生费用、摊位租金等。据报道，新发地农产品批发交易市场进场费出场费根据菜的品种、车的大小而决定，一般标准为每斤3分钱，摊

① 参考自新发地批发市场。

位招标费和摊位租金等费用根据摊位相对于市场所处的位置不同而不同。①

现在北京市供应链内部总体利益分配排序为批发市场，采购商或者零售商，农户。

（三）关于此利益分配方式中农户联盟利益分配情况介绍及评价

农产品批发市场是农产品供应链的一个中介结构，但却是北京农产品供应链的最为重要的部分。在完整的农产品供应链中，除了农民、终极消费者等供应链主体，有太多的中介组织，例如批发商、批发市场、超市、零售商等组织存在。如此多中介组织的存在，会使农产品与终极消费者见面时的价格与农户手中原本产品的价格有很大偏移。

同时，由于核心是批发市场，农产品供应链的其他组成部分必须根据批发市场所定的规则进行交易，无论是卖出商品，还是买入商品，只要在这里交易，就要缴纳费用。而根据赵萍对整条农产品供应链从农户到农产品批发市场的跟踪、农产品单价变化，农户手中收购时 0.3 元，采购环节 0.5 元，运输环节由于运输成本又涨了 10%，批发环节涨了 1 毛，变成 0.65 元，批发环节相对前一个环节涨了 18%。之后再经由二级批发商、零售商、加工商、超市等与消费者进行连接②。

在此过程中，农户参与的交易为与采购商的一次性交易，供应链后续的所有交易均由中间商代替。这种交易方式的好处是，农户可以从事专业化生产，同时有专业的第三方组织存在，可以给农户所从事的生产提供很多有用的、有意义的信息，在信息的获得、理解和应用方面有很大优势。这方面确实有助于农民的生产，但同样由于多重中间商模式，损害了农户的利益。根据《经济半小时》中赵萍对农产品供应的跟踪报道，到批发市场为止，农产品单位价格上涨为 216%，影响了消费者的利益，同时损害了农户获得超额利润的机会，减少了农户的收益。

①②赵萍．经济半小时［N］. 2013-10-31.

从供应链总利益大小的角度出发，供应链中多中介组织的存在，对于产品从供应链初期到供应链终端的升值有好处，但使产品的价格偏离真实价值，对于产品的市场扩张有消极作用，将总利益平均到所有供应链组成部分，则平均利润受到损害。

第三节　利润分配新模型的构建

一、农户联盟的效益分析

农户之间形成的农户联盟相对于各体散户，在资金、土地、信息、技术以及人力方面都有优势。同样，在供应链中，相对于各体农户，能够明显地减少成本。

（一）交易成本

假设有 X 个农户，而且都与 Y 个交易对象进行购买或者贩卖的行为，则交易次数

$N_1=f_1(X, Y)=X \cdot Y$

如果农户之间形成农户联盟，则农户与交易对象之间的交易就变成，农户到农户联盟再到交易对象，交易次数可以表示为

$N_2=f_2(X, Y)=X+Y$

设农户联盟的效率为 k，则

$k=N_2/N_1=f_2(X, Y)/f_1(X, Y)=X+Y/X \cdot Y$

由于 X，Y 取自然数，当 X>2，Y>2，k<1，且，k 随着 X 和 Y 的值增加而递减。也就是说，参与农业联盟的农户越多，农业联盟的交易对象越多，农户联盟在减少交易成本方面越具有积极的作用。

（二）物流费用

农户联盟相对于个体农户，掌握更大的产品数量，在物流成本方面

有更大的节约成本的余地。假设运费一定的情况下，一次性运输的产品越多，越有助于降低单位成本。

（三）信息费用

农户联盟由于拥有更大的资源，相对于个体散户更容易获得更多的信息资源，可以对农产品市场和农产品供应链的其他部分及时反映。

（四）其他费用

其他费用包括违约、欺骗之类的行为造成的损失，也包括产品检测所造成的产品损失，而这方面的费用是由农户联盟所有成员分担的。随着成员数的增多，对于个体农户所需要承担的其他费用越来越少。

所以，农户要想获得更大的利益就需要农户之间形成农户联盟。本章模型均已农户以结成农户联盟为假设而进一步建立。

二、北京农产品供应链利益分配模型描述

假设在供应链的初始端，各个农户合作组织形成农户联盟。由此可进一步假设，农产品供应链由一个农户联盟、一个批发商、一个批发市场、n 个零售商构成，同时市场规模固定不变，供应链上只有一种产品，供应量所有部分风险中性且信息对称，所有交易均经过批发市场，设，S、M、D、R 分别表示农户联盟、批发商、批发市场和零售商；农户、批发商和零售商的单位批发价格分别为w_s、w_m、w_r；农户、批发商、零售商的单位成本为c_s、c_m、c_r；农产品批发市场对批发商收取费用系数为k_1，对零售商收取费用系数为k_2，固定对批发商收取摊位费用O，本身固定成本为C_d产品最终售价为 p，订购量为 q。同时假设整条供应链从农户到终端消费者过程中的损耗为 0，且农产品供应链各环节都无法取代，设市场需求 x 服从(μ, σ^2)分布，期望卖出量为 S(q)，未卖出的量为 I(q)，单位产品残值为 h，期望产品短缺量为 L(q)，单位缺货损失为 g。

式中，

$$S(q)=E[\min(q, x)]=\int_0^x (q\cap x)f(x)\mathrm{d}x=q-\int_0^q F(x)\mathrm{d}x$$

$$I(q)=q-S(q)=\int_0^q F(x)\mathrm{d}x$$

$$L(q)=\mu-S(q)$$

在整条供应链中，最终与消费者接触的是零售商，最终商品与消费者见面也通过零售商，所以可以通过计算零售商最高利益，进而得出最大订购量 q，零售商收益为：

$$\pi_r=pS(q)+hI(q)-gL(q)-k_1qw_m-(w_d+c_r)q$$

$$=(p+g-w_d-c_r-k_1w_m)q-(p-h+g)\int_0^q F(x)\mathrm{d}x-g\mu$$

对此公式求导得，$\frac{\mathrm{d}^2\pi_r}{\mathrm{d}q^2}<0$，令$\frac{\mathrm{d}\pi_r}{\mathrm{d}q}=0$ 得：

$$q^*=F^{-1}\left[\frac{p+g-w_d-c_r-k_1w_m}{p-h+g}\right]$$

由此可得零售商独立决策下的最大订购为q^*，期望销售量为$S(q^*)$，

批发市场收益为：

$$\pi_d=(k_1+k_2)qw_m+O-C_d$$

批发商利益为：

$$\pi_m=[(1-k_2)w_m-w_s-c_m]q-O$$

农户利益为：

$$\pi_s=(w_s-c_s)q$$

由于 q 有零售商确定，所以，各个部分所获得的利益分别为$\pi_s^*=\pi_s(q^*)$，$\pi_m^*=\pi_m(q^*)$，$\pi_d^*=\pi_m(q^*)$，供应链总利润$\pi_t^*=\pi_s^*+\pi_m^*+\pi_d^*+\pi_r^*$。

对于农户联盟，$\frac{\mathrm{d}\pi_s}{\mathrm{d}w_s}=q>0$，供应链中，q 由最终面对消费者零售商决定，而交易的价格由供应链中各方面的地位决定，地位顺序为批发市场>批发商>农户联盟。

批发商为了使自己获得利益，以及使利益最大化，则

$$\pi_m=[(1-k_2)w_m-w_s-c_m]q-O>0$$

需要$(1-k_2)w_m-w_s>\frac{O}{Q}+c_m$，设$z=(1-k_2)w_m-w_s$当z越大的时候，批发商获得的利益越多，而批发市场的市场影响大于批发商，k_2为常数，所以批发商为了提高自己的利益为提高w_m减少w_s，由于农户联盟影响力小于批发商，w_s会被影响，从而导致农户利益π_s受到影响。

第四节　利润分配模型的改进

一、以农户联盟利益最大化的角度出发对分配模型改进

上述模型中，农户联盟利益$\pi_s=(w_s-c_s)q$，批发商利益$\pi_m=[(1-k_2)w_m-w_s-c_m]q-O$，且可得$p>w_m>w_s$，对于农户联盟，当$w_s\to w_m$时，农户联盟可获得更大利益。批发市场对于批发市场的获利也有一定抑制作用，农户联盟要想获得更大的利益，需要对采购商和批发商起到替代作用。

将模型进行修改，假设供应链中只存在农户联盟和零售商，用S和R表示，其他假设不变。

市场需求量q仍然通过零售商实现自身利益最大化来决定。

零售商收益为：

$$\pi_r=pS(q)+hI(q)-gL(q)-(w_s+c_r)q$$

$$=(p+g-w_s-c_r)q-(p-h+g)\int_0^q F(x)\mathrm{d}x-g\mu$$

对此公式求导得，$\frac{\mathrm{d}^2\pi_r}{\mathrm{d}q^2}<0$，令$\frac{\mathrm{d}\pi_r}{\mathrm{d}q}=0$得：

$$q^{*}=F^{-1}\left(\frac{p+g-w_{s}-c_{r}}{p-h+g}\right)$$

由此可得最大订货量为q*，期望卖出量 S（q*），

农户收益为：

$$\pi_{s}=(w_{s}-c_{s})q$$

通过缩短供应链，使$\frac{\pi_{s}}{\pi_{s}+\pi_{R}}$变大，农户联盟在供应链中分配到的总份额相对增加。

从而得出结论，从农户联盟利益出发，利润最大化的方式是，将自身规模不断壮大，形成产供销一体化的农业集团，以生产核心的角度，通过产品生产和产品运输与配送，来主导供应链的形成。

二、从供应链总体利润最大化的角度对分配模型改进

市场规模不变的情况下，信息相对稳定，批发商和批发市场起不到积极的作用，无法增加农产品供应链的总利润，对供应链主体起到阻碍作用。

批发市场的利润：

$$\pi_{d}=(k_{1}+k_{2})qw_{m}+O-C_{d}$$

式中，k_1qw_m表示对零售商收取的出门费用，利润来自零售商，k_2qw_m表示对批发商收取的进门费用，利润来自批发商，O 表示批发市场对批发商收取的摊位费用，同时还对供应链造成C_d的成本损耗。

而农户联盟可以对批发商起到一定的替换作用，减少过程中不必要的损失，同时保持供应链的利益。

引用以产供销一体的农户联盟为中心的农产品供应链模型，可以使利润更大。

零售商收益为：

$$\pi_{r}=pS(q)+hI(q)-gL(q)-(w_{s}+c_{r})q$$

农户收益为：

$\pi_s=(w_s-c_s)q$

供应链总利润：

$$\pi_t=\pi_r+\pi_s=pS(q)+hI(q)-gL(q)-(w_s+c_r)q+(w_s-c_s)q$$
$$=pS(q)+hI(q)-gL(q)-(c_r+c_s)q$$

当 q 的量确定的时候无中介组织的供应链的总利润大于有中介组织存在的供应链的总利润。

同时，通过减少农户联盟与零售商的单位成本，对于农产品供应链的总利润增加会起到一定的作用。也就是说，通过减少c_s和c_r来增加农产品供应链的总利润，c_s中包含农户生产成本、物流费用等，c_r包含店面建设、宣传费用、物流费用、员工费用等。

因此，可以引入专业的第三方物流进行运输，从而使总费用成本减少，通过减少$(c_r+c_s)q$ 的部分使供应链总利益增加，从而使总利润更大。

因此，可得出结论，通过引入第三方物流进行运输，使农产品总供应链利益提高。

三、模型差别分析与对比

根据上述模型分析，在市场份额既定的情况下，以批发市场为核心的农产品供应链模型，有很大一部分利润被中介组织所分占，从而影响农产品供应链主体的总利润。通过将批发商和批发市场等中介组织排除可以将农户的利益提高。同时，引入第三方物流，对于农户和零售商可以起到节约成本的作用，增加农产品供应链的总利益。

四、结论及建议

（一）结论

北京农产品供应链现状大致为以农产品批发市场为核心，占据核心地位，但并不是主体组成成分。大规模的批发市场对于扩大市场规模确实有好处，但当市场既定、消费者需求既定的情况下，不仅对供应链的总体利益不会起到积极作用，相反影响供应链其他组成部分的利益获得。

对于农户联盟来说，以批发市场为核心的农产品供应链模式，由于在供应链中其连接作用的组织存在，对农户联盟的利益具有剥夺作用。同时，由于农民经济合作组织的缺点，即农民合作组织并没有形成足够大的规模，在供应链中没有足够的话语权。所以，现在的农户联盟并不能获得最合理的利益。

在农产品供应链中，农户联盟要想获得更大的利益，就需要扩大自己本身的规模，提高自己在整条供应链中的话语权，向供应链下游进行渗透，以获得批发商、批发市场甚至是零售商的利益，进而增加自己本身的利益。

当省去供应链中间商的时候，可在供应链中进一步引入第三方物流，通过专业的物流公司降低运输成本，自己专心从事批发、生产的工作，从而获得更大利润。

（二）相关建议

1. 农户联盟自身整合

农户联盟属于生产组织，目前农民经济合作组织呈现出的状态为“小、弱、散”，在供应链中的地位并不占据优势，利益被更强势的一方（批发商和批发市场）剥夺。通过深化自己本身横向一体化程度来增加农户联盟的规模，当农户联盟的规模扩大，不仅可以减少农户联盟与农资供应商交易所发生的采购成本，同时，随着农户联盟的扩大，其自身对于生产决定权和价格决定权的影响会越来越大，从而使自身在农产品供应链中的地位进一步提高，使农户联盟在供应链利益分配中占据优势，减少中介组织对农户联盟利益的剥夺。

2. 农户联盟向下游渗透

中介组织对于农产品生产有一定的好处，但中介组织也大大地影响了农民的利润，农户组织通过向供应链下游渗透能够获得更大的利润。一般情况下，农户联盟从性质上说，可以视为批发商及农产品批发市场的替代，具有一定的替代作用。极限情况下，当批发商和农户联盟等中介组织被完全替代，供应链模型被缩短，农户联盟便自然而然成为供应链核心。农户联盟通过调控农产品供应量控制物流运输，来遵循、迎合甚至改变市场趋势，实现自身利益最大化。

第六章 “农超对接”模式下易腐农产品的供应链收益共享契约研究

根据统计年鉴相关数据，早在2005年底，中国人口总数就已经超过13亿，其中农村人口一直占总人口数的45%以上。2015年末，我国人口总数达到13.7462亿，农村人口达到7.7116亿，占总人口数量的56.1%。从数量上看，我国无疑是一个农业大国。农业发展与农村经济发展是国家关注的重点。近年来，随着我国国民经济的增长，温饱不再是问题，人们开始追求健康高质的生活。对于生活必需品——农产品，尤其是易腐农产品——包括生鲜蔬果、水产、冷鲜肉等销售周期比较短的产品的选购，首先考虑的是产品的安全性与新鲜度，而不再是价格。这种生活方式的转变对于传统的农产品供应链是个很大的挑战，同时给农产品供应链的模式创新带来了动力。新的流通模式的出现要解决的问题很多：一要缩减供应链的流通环节，实现农产品供应链的结构扁平化；二要最大限度地保持农产品在供应链流通中的新鲜和快捷；三要想办法降低流通成本，增加供应链整体的流通效益与供应链的参与主体的收益；等等。

最近几年，随着国家一系列“农超对接”的相关政策、通知和意见的颁布，“农超对接”模式在我国开始了大规模试点部署，发展迅速。“农超对接”是现代化的农产品流通模式；是“超市+基地”形式的农产品流通模式；是超市与农民专业合作社面对面进行交易的，没有任何中间商的农产品流通模式；是有着鲜明特点的农产品流通模式；是以易腐农产品为主要载体的农产品流通模式。“农超对接”流通模式帮助农产品的零售商超市建立更稳定、更优质、更有保障、更个性化的供货源，而农产品供应商——农民专业合作社再不需要四处寻找销售机会，可以将家庭生产的农产品直接销售到市场上，农产品有了更稳定的销售途径。在国家政策的支持和农超供应链双方的共同努力下，在“农超对接”模式的前期发展阶段中，供应商与零售商之间消除了众多的其他环节，实现了他们的直接的连接，有利于“农”“超”与消费者共同利益的协调发展，在一定程度上解决了传统流通模式面对的问题，在流通效益上表现出了绝对的优势，是农产品流通模式创新的成功案例。

本章节从利益的角度出发，以报童模型为基础，通过建立基本的供应链收益共享契约数学模型，从理论层面探讨了供应链供应商与零售商在集中控制、收益共享契约约束与分散控制情况下的供应链整体与参与主体的收益，并通过供应链协调目标，确定收益共享参数的大小。在基本的供应链收益共享契约模型的基础上，根据“农超对接”模式的特点，考虑易腐农产品在具有需求价格敏感性、零售商超市促销努力水平的条件下，在“农超对接”供应链中引入收益共享契约。继续探讨农民专业合作社与超市在供应链集中控制、收益共享契约约束与分散控制情况下的供应链整体与参与主体的收益，并通过供应链协调的目标，确定收益共享参数的大小。同时，通过数值算例分析对收益共享契约在“农超对接”模式下供应链协调的有效性进行验证。

事实上，虽然“农超对接”在政府的大力支持下发展迅速，也得到越来越多农民与超市的认可，但“农超对接”流通模式的落地过程也很坎坷，它在实践过程中仍存在很多问题亟须解决。比如，农民专业合作社规模小，组织不规范，供应链的参与主体间合作关系不稳定，契约履行不规范，利益、成本和风险相关问题的处理还不够完善，导致了严重的“农”弱“超”强现象，甚至出现了超市强势对农户进行利益剥削的情况等问题。因此，如何在“农超对接”模式中均衡双方在供应链中的话语权、提升超市与农户的合作效益、选择有效的合作方式、制定公平的收益分配机制、促成双方长期稳定的合作关系的建立，已经成为现在学者们研究的重点。

根据供应链的参与主体都是理性经济人的假设，选择有效的收益分配机制成为这些问题的核心。鲍亚飞、徐胡涛和綦方中等（2015）指出，供应链的收益分配问题直接关系到“农超对接”流通模式能否有效运行。另外，现实生活中，超市经常会为了吸引客流进行一些促销活动。对于零售商超市来说，一定的促销是可以影响市场的需求水平的，不仅可以增加自身的利润，也可以为供应链的上游企业带来利润。而零售商超市进行促销是需要付出一定成本的，促销力度越大，相关的成本越高。考虑到这些成本，零售商、超市该如何决定促销力度以此来实现自身的利润最大化，这就是本章要研究的问题。

本章节首先以报童模型为基础，将收益共享契约与报童模型结合在一起，构建基本的供应链收益共享契约模型，研究二级供应链的协调问题。分析供应链的成员在统一制度下的决策行为、收益共享契约约束下的决策行为与分散控制下的决策行为，对比供应链的参与主体在不同情况下做出的决策所带来的供应链整体效益和参与主体自身的收益大小关系，求出收益共享参数的大小范围。然后，对这个基本的供应链收益共享契约模型进行拓展，具体应用在农产品特有的“农超对接”流通模式中，研究考虑零售商超市的努力促销水平与努力成本的易腐农产品供应链的协调。同样的，通过分析供应链的参与主体在集中控制下的决策行为、收益共享契约约束下的决策行为与分散控制下的决策行为，对比供应链的参与主体在不同情况下作出的决策所带来的供应链整体效益和参与主体自身的收益大小关系，求出收益共享参数的取值范围，并通过一个算例分析对收益共享契约能够有效实现“农超对接”流通模式下易腐农产品供应链的协调进行论证。

由于大部分农产品具有易腐性和易折损性，零售价格会随着时间的推移不断下降，产品期末残值往往为零。基于对风险的规避，零售商在做订购决策时给出的订货量往往比满足供应链整体收益最优时的订货量不一样。因此在供应链决策过程中，需要采取相应的激励策略，使得供应链的参与主体做出实现自身利益最大化的决策时，不损害供应链其他成员的利益，同时供应链也能够实现收益最大，最终达到供应链的帕累托最优状态，此时供应链的协调得到实现。本章研究的目的是验证收益共享是不是一种能够帮助“农超对接”流通模式实现供应链协调的激励策略。

本章的理论意义和现实意义如下：

（1）理论意义。丰富和完善了“农超对接”收益分配理论。近十年内，农产品“农超对接”流通模式受到越来越广泛的应用，在该流通模式下，供应链的参与主体之间的收益分配不均问题逐渐突出。“农超对接”的主要载体为易腐农产品，本章以报童模型与供应链收益共享为基础，并以最大化供应链整体与各参与成员的期望收益为目标，研究在“农超对接”流通模式下的易腐农产品供应链收益共享契约，对“农超对接”流通模式中收益分配问题提出解决方案，对“农超对接”模式下供应链收益分配理论的研究有重要意义。

丰富和完善了农产品供应链协调的理论。现有对于供应链协调的研究多是集中在容易标准化与量化、市场需求可预测的非随机需求的工业品行业，但对于易腐农产品这一类折损产品来说，其生长具有非标准化的特点，市场需求具有随机性，最重要的是产品本身具有易腐性。本章考虑易腐农产品的折损特性、需求的不确定性与零售商促销力度，以探讨通过何种途径来确保易腐农产品在供应链中的协调性问题。本章的研究对于丰富和完善易腐农产品供应链管理理论具有一定的意义。

（2）现实意义。一定程度解决了“农超对接”发展中存在的问题。在农产品供应链管理的研究中，成员之间如何对收益进行共享问题是最为突出的问题之一，供应链上利益的合理分配是供应链能够有效运行的决定性因素。鲍亚飞等（2015）就指出，“农超对接”模式能否满足预期的效果与供应链利益分配问题有直接的联系。因此，供应链中收益的合理分配机制对于供应链管理实践来说非常重要，对该问题进行研究具有现实意义。

第一节 易腐农产品供应链收益相关理论分析

一、相关研究现状

（一）“农超对接”流通模式研究现状综述

“农超对接”最先是在西方国家得到应用与推广，尤其是欧美国家。“农超对接”是美国最主要的农产品流通模式，而我国在2008年才正式提出“农超对接”流通模式的。

现有国外文献主要集中在“农超对接”模式下农产品的质量安全问题的研究上：

“农超对接”模式是先存在后提出的。20世纪初期，Pelf和Reardon在研究中发现有的超市在购买农产品时，并不是通过中介，而是与农产品的生产商农场及个体农户进行农产品的交易，直接从产地进货。Hu、Reardon和Rozelle等（2004）在对“农超对接”模式发展过程的研究中指出，“农超对接”模式在运行中存在着诸多问题。Ling、Zhong和Guo等（2006）在Hu等的研究基础上发现，农产品的质量安全问题是“农超对接”流通模式所面临的主要问题之一。Tang、Tang和Jiang等（2014）指出，在“农超对接”流通模式下，不管是供应商方面的农民专业合作社，还是零售商方面的超市，都在农产品安全方面缺乏资金、技术等投资。Luo和Chen（2015）从法律法规、监管系统和质量跟踪体系讨论了在“农超对接”模式下如何建立农业生产质量和安全支持系统。

我国著名的农业经济和农产品市场问题研究专家、中国农业科学院农业经济与发展研究所研究员胡定寰是国内最先研究“农超对接”流通模式的学者之一，他对“农超对接”有全面且深入的研究。

1. “农超对接”的意义

胡定寰与杨伟民（2010）指出，“农超对接”可定义为“超市直接向农户购买农产品，或者农户直接把自己生产的产品售卖给超市”，并对其实践意义与挑战进行了研究。他们得出，“农超对接”能够有效保障农产品的质量安全，使供应链的参与主体收益得到增加，还能够增加社会的就业。

任文菡、范宽、张旭（2012）指出，“农超对接”对于稳定市场价格、保障食品安全、增加农民收入和改善民生具有重要意义。丁吉萍、高玉娟（2015）认为，“农超对接”代表了现代农业的发展方向，对于我国的减贫和促进农业发展方面意义重大。

2. “农超对接”主体间行为研究

李莹、胡定寰和翟印礼（2011）基于行为主体间的博弈分析，对“农超对接”交易价格形成机理进行了研究，并得出相关理论指导建议。刘兵和胡定寰（2013）在对我国的“农超对接”进行现实情况下存在的各种现象总结的前提下，指出目前我国“农超对接”仍存在“农超”双方地位不平等、收益分配不均等矛盾，且在“农”与“超”的对接工作中容易出现腐败问题。

叶敬忠（2012）、郑鹏（2012）分别指出“农超对接”流通模式下的农户处于供应链的弱势方，受到超市在供应链上的强势地位影响，供应链利益分配机制不公平，农民收益受到威胁。冯晓艳（2014）从农民角度和合作社角度将“农超对接”模式问题总结为两个：一是农民生产规模小，对于“农超对接”流通模式的参与热情不高；二是农民专业合作社的专业性有待加强，专业技术人员缺口大。陈家涛（2011）、冯晓艳（2014）等学者从超市角度进行分析，也发现了很多问题，如超市在对接过程中对农产品质量、外观等提出严苛的要求，还常常因私利做出很多让农户措手不及的变动，信用基础薄弱。

3. “农超对接”面临的物流问题研究

目前“农超对接”发展仍不成熟，多数超市由于资金和技术方面的短缺没有能力自建配送中心。农产品在物流环节就造成很大的损失。胡定寰对“农超对接”面临的挑战进行了总结：一是超市制定的农产品购入标准对于农户生产技术的挑战；二是远距离输送对于我国落后的物流设备与技术的挑战；三是“农超对接”的现代化经营方式对于传统农产品消费意识的挑战；四是“农超对接”作为新型流通模式对于传统农产品批发市场挑战。刘兵和胡定寰（2013）在对我国的现实情况下的“农超对接”进行总结时，指出农业技术与装备欠缺仍是严重影响“农超对接”运行的重要问题。

黄彬红等（2013）指出物流技术对“农超对接”十分重要，目前，我国农产品物流技术落后已成为“农超对接”健康发展的障碍。潘福斌、宋达（2014）构建了适用于农超对接物流系统的绩效评价体系，分析了影响农超对接农产品物流系统绩效的关键因素，并提出了一些改进农产品物流系统的建议，为完善农超对接农产品物流系统的工作做出了贡献。

4. “农超对接”模式类型的研究

2011 年 12 月，胡定寰又分门别类地对几种大型连锁超市采用该模式的方式进行了研究。分别有“农户直采”的家乐福模式，“超市+合作社/龙头企业+农民”的沃尔玛模式，坚持供应链全程监管，以农产品的质量安全为第一要素的 Metro 模式，因地制宜，多种合作方式并用的“家家悦”模式。

李圣军（2009）以“农”“超”双方合作的方式为依据，将“农”

“超”作为统一的主体进行市场决策的合作方式称为“农超经营一体化”；将“农”“超”独立运营但通过签订契约进行合作的方式称为“农超经营契约化”。根据供应链的参与主体地位不同，“一体化”模式又由超市主导和合作社主导的两种不同模式组成；根据定价方式不同，“契约化”模式又分为在契约中先将价格确定的固定价格模式与价格不在契约中确定而随行就市模式两种模式组成。胡定寰、杨伟民（2010）根据合作方式将“农超对接”划分为三种模式：一是以家乐福超市为代表的“农民直采”模式；二是以 Metro 为代表的“超市+龙头企业+农民”模式；三是以山东家家悦超市为代表的“超市+基地”模式。李东新、宋岭（2011）将胡定寰与杨伟民的三种模式合并成两类：一类是“农超对接”模式分为“超市+中介组织（专业合作社、龙头企业等）+农户”；一类是“超市+农户”，并指出“超市+中介组织（专业合作社）+农户”适用范围更广，且前景更好，而“超市+农户”模式使用者为少数区域零售企业。李新剑（2014）从供应链的合作关系角度，将“农超对接”流通模式总结为三种，除了李圣军总结的一体化经营、契约式合作与企业联盟模式，并对这三种模式的特点与优缺点进行了探讨。

5.“农超对接”中农产品的质量安全问题的研究

胡定寰（2012）针对食品安全时间频发的社会现象，对该模式中的源头农产品可查体系进行了研究，并指出构建系统可追查体系能有效控制“农超对接”流通模式中农产品的质量问题，提高产品安全性。杨伟民与胡定寰（2013）基于食品安全视角下“农超对接”对农产品价值链重构进行了研究，研究发现“农超对接”即刻实现“农”“超”、消费者三方共赢，还能保障消费者的食品安全。

牛亚丽（2014）基于“农超对接”视角对影响农民专业合作社的质量安全控制行为的因素进行了分析，分析结果显示，农户认知与农民专业合作社提供的服务为显著影响因子。李政（2013）通过对农产品安全问题的现状分析，指出“农超对接”相对于传统农产品销售方式更能保障农产品安全。甘文霞、刘潇斌（2012）将“农超对接”供应链的参与主体分为农业生产者、中间组织（农民专业合作社）、超市和政府部门四方，并对每个参与主体质量安全的责任与义务做出明确阐述。

通过对现有文献的研究可以发现，目前关于“农超对接”流通模式的研究集中在对“农超对接”参与主体以及产品在流通中的一些问题上，对供应链协调与供应链的参与主体之间的利益分配问题的研究是一个很大的缺口。刘晓峰（2011）通过对供应链的参与主体的心理进行研究，发现供应链利益分配的公平性对处于供应链弱势方的农户决策行为有着很大的影响。鲍亚飞等（2015）认为，利益分配问题是供应链的研究重点，对于“农超对接”来说，它决定了该模式能否有效地运行。鲍亚飞等通过研究由农户与超市组成的两级供应链的利益分配问题，建立了基于收益共享下的“农超对接”模式，并得出结论：收益共享契约能够有效实现“农超对接”模式的供应链协调。

（二）农产品供应链管理研究现状

最初引起国外学者对农产品供应链进行研究的是美国食杂店危机的爆发。农产品供应链在运营和管理模式上都与工业品有着很大不同。产生这种不同的主要原因是农产品的产品特性，农产品具有易腐性，生长受很多随机因素（如病虫灾害）的影响，生长成熟有一定的周期且具有时节性，一种农产品的生产具有地域性，生产出来的农产品长相、质量等都不相同，是非标准化产品，等等。农产品的这些特性使得农产品供应链与工业品供应链相比较，显得更加复杂，且供应链上各个环节之间连接紧密性不够。近年来，国外学者对于农产品供应链管理的研究主要集中在农产品供应链协调方面与农产品的质量安全问题等方面。

农产品供应链协调。对农产品流通过程中所有活动进行协调的纵向协调问题是第一个被研究的问题，该思路最早由 Mighell 和 Jone 在 1963

年提出。Boehlje 和 Schrader（1988）在对农产品供应链进行研究时指出，供应链协调是这部分研究的主体与重心。Kiebenstein 和 Lawrence（1995）在对农产品供应链的协调问题进行研究时，得出供应链协调的最终目的是促进供应链的参与主体在所处行业中的竞争地位的结论。Hobbs（1999）对农产品供应链的纵向协调进行了分析，并将交易成本理论用在农产品供应链纵向协调问题的解决上。Burer、Jones 和 Lowe 等（2008）研究了农产品供应链协调中可能出现的各种问题，提出了在各种情况下的所能采取的有效应对契约。

农产品的质量安全问题的研究。Lagerkvist、Johansson 和 Birol 等（2009）在研究农产品流通过程中发现，监管层政府与操作层生产者进行合作，共同建立农产品流通的质量安全监管系统保障农产品的质量安全是很有效的。Thakur 和 Hurburg（2010）认为，农产品供应链质量追溯系统中的信息共享问题对于农产品的质量安全问题有重要影响。Ge、Gray 和 Nolan（2015）从发展的角度探讨了有效解决农产品供应链内部优化的问题，并最终对农产品的质量安全进行有效控制。

我国虽然是个农业大国，但对于农产品供应链的研究只有 10 多年历史，直到 2001 年才出现有关研究。我国现有文献中，对于农产品供应链协调方面的研究不算少。

但斌从农产品的价值损耗（2008）、天气因素对农产品生产影响（2013、2014）的视角，研究了农产品供应链的协调问题。通过这一系列的研究，但斌发现，考虑价值与实体损耗的情况下，供应链集中控制下的决策无法实现农产品供应链协调；考虑不确定的天气因素对农产品生产的影响，通过组合风险分担与回购契约可以实现农产品供应链协调；考虑生产者为风险厌恶前提下，制定了应随机变量对不确定的天气因素对农产品供应链协调的不利影响的风险补偿机制，以此能够及时协调风险。赵霞、吴方卫（2009）在假设产量和需求都不确定的情况下，得出供应链收益共享契约能够协调农产品的随机产出服从均匀分布，随机需求为价格乘法函数与服从均匀分布的随机市场影响因素的乘积情况下的农产品供应链，但对于市场需求的不确定影响因素不服从均匀分布的情况，并没有做出论证。王冲、陈旭（2013），孙国华、许垒（2014）都对期权合同农产品供应链协调进行了研究。王冲和陈旭将供应链集中控制下的决策结果为对比标准，发现在分散控制时，能实现农产品供应链协调的零售商农产品期权的最优购买数量有且只有一个，而供应商对期权最优订购价和执行价有很多个。孙国华、许垒考虑农产品生产与需求的随机性，发现期权合同对农产品供应链协调效果受农产品期权履行价格变化呈反向相关性。

（三）收益共享契约研究现状

收益共享契约是20世纪末期当时Blockbuster影碟租赁公司为了应对缺货问题而作出的与供应商收益共享的创新决策，这个创新决策就是现在的收益共享契约。收益共享契约出现之后，在各个行业得到了广泛的应用。但现有文献主要集中在对工业品供应链收益共享契约的研究。James、Dana和Spier（2000）指出，当需求是随机变量时，供应链的上游公司可以通过收益链共享契约增强下游企业的竞争力和鼓励高效的库存。虽然他们研究的模型并没有解决零售商市场势力，但研究结果仍表明，收入共享契约可以使上游企业增加库存控股和消费者福利。Cachon和Lariviere对于需求不确定下的收益共享机制研究的为后来的供应链收益共享机制研究奠定了基础。

Cachon和Lariviere（2001）认为，产品供应链可以看作一种收益链。供应商与零售商都能够通过收益共享契约增加自己的利润，因此收益共享契约将会在许多产品和服务工作中得到应用。同年，Cachon和Lariviere也证实了在产品需求具有不确定性情况下，收益共享也能够完美实现整个供应链的协调。同时Cachon也分析了收益共享契约在实践中存在的一些的不足，比如：信息不完全、供应链的参与主体地位极端不平等的情况下，这种机制就不能发挥作用了。Cachon（2003）指出，由于存在“双边际效应”，普通的批发价协议不能实现链条的及时改善。后来的外学者提出了收益共享合约、产品回购合约、数量折扣合约、数量柔性合约等不同的供应链协调理论。Cachon 和 Lariviere（2005）指出，存在等价收益共享合约替代上述几种合约。他们研究了收入取决于每个零售商的购买数量和零售价格，需求是确定性或随机生成情况下的供应链收益共享契约一般模型。将收益共享契约模型一般化，使它适用于各行各业。Cachon 和 Lariviere 主要的研究集中在收益共享机制是否能实现供应链协调的问题上，对于具体如何对供应链收益在供应链的参与主体之间进行分配的问题没有涉及。

Giannoccaro 和 Potrandolfo（2004）等将 Cachon 和 Lariviere 研究的二阶供应链拓展成三阶供应链，并对三阶供应链的收益共享契约模型进行了研究。戢守峰（2008）等分析了三阶供应链在需求具有随机性和价格敏感性的条件下，如何建立使得供应链的参与主体都能获得收益的增加，实现供应链共赢的收益共享契约数学模型。

考虑供应链的参与主体的努力行为的收益共享契约。Cachon 时期的研究，对于收益共享契约的研究，学者们都忽略了供应链的参与主体的努力行为会对市场的需求产生影响。事实上，供应链的参与主体通过自己的行为而影响市场需求在现实生活中普遍存在，而且是引起市场需求变动的重要因素。从零售商的角度来说，促销行为会对市场需求产生影响；从供应商的角度来说，在产品制造中投入更好的设备、用更好的原材料等。这种努力行为是一种有利行为，是可以增加一定的市场需求的。但对于做出努力行为的企业来说，这些行为是需要付出一定成本的。如果只是简单地由行为主体来承担努力行为的成本，那么行为主体就会放弃供应链协调的目标，而选择对自己最有利的努力程度，追求自身最高的利润。

Raju 和 Zhang（2005）研究了由零售商主导且考虑零售商的促销能力的供应链协调问题。梁喜、方昭（2016）基于 Raju 和 Zhang 的研究，发现收益共享、成本共担可以有效解决零售商主导且考虑零售商的促销能力的供应链协调问题。Wang、Jiang 和 Shen（2004）通过分析，提出用库存补贴的方式实现供应链协调。何勇、吴清烈和赵林度（2007），徐最、朱道力和朱文贵（2008）都先后提出了用努力成本共享的契约的方式实现供应链协调。何勇构建了成本共担数量数目柔性契约模型，徐最则提出了基于分担努力成本的回购契约模型。孙秀武（2007）指出，存在零售商的促销行为时，单独使用收益共享契约是不能使供应链达到协调状态的，同时使用收益共享与促销成本共担的收益共享契约才能有效实现供应链协调。曲道钢、郭亚军（2008）又指出，由于供应链上存在信息不完全现象，可能存在很多因素导致努力成本分担失去作用，仍然无法实现供应链协调。

（四）对已有研究的评价

一方面，通过对已有文献的整理，目前国内外对于供应链收益共享契约理论的研究还算比较成熟，不仅研究数量多，涉及的研究方法也很多。此外，对于农产品供应链管理的研究也较多。但通过文献综述不难看出，在现有研究中，涉及农产品供应链收益共享契约问题的研究却不多。

另一方面，“农超对接”作为一种新型流通模式在我国农产品流通中占重要地位，其快速的发展获得了很多学者的注意，虽然发展的时间短，相关研究却很多。但目前对于“农超对接”的研究，大都是对模式本身以及运行过程中存在的问题进行研究，而对于“农超对接”供应链上参与主体的利益分配问题的研究相对较少。

二、易腐农产品理论

（一）易腐农产品的内涵

从字面上理解，易腐农产品即容易腐坏的农产品。由于生鲜农产品都具有易腐性，因此很多学者（如王丽娟、刘卫华）都将易腐农产品等同于生鲜农产品。刘诗会（2012）给出了易腐农产品的定义，“易腐农产品是指由大型农林场、畜牧业生产基地、水产养殖基地或者农村直接生产出来的、没有经过深加工的、需要通过封装或者低温保存并进行快速流通才能使其最大限度地保持其天然食品原有的新鲜程度、色泽、风味和营养的农产品”。简单来说，易腐农产品是指具有保存周期的、后续处理较浅且不易保存的农产品。易腐农产品包括新鲜的肉类、蛋类、奶类以及新鲜瓜果、蔬菜、鲜活水产、活的畜禽等鲜活农产品。其具有以下四个特征：

第一，易腐农产品具有时鲜性、易折损性和易腐性，这是易腐农产品最本质的特征。

第二，易腐农产品有随机短生命周期性和生产地域性限制性的特点，不能根据即时市场需求进行生产和供货。

第三，易腐农产品具有较短的流通时效性，易腐农产品的价值随着时间的推移而下降，且很难进行流转，直到失去原有的风味和使用性，价值变为零，因此对于易腐农产品的运输需要配备高质量的冷链物流设备，尤其是长距离的运输。

第四，易腐农产品市场供需具有不确定性，原因是易腐农产品的高折损特性和大多数易腐农产品可替代性强。

易腐农产品是一种是特殊的农产品，容易变质、容易腐坏，且随着时间的推移，新鲜度与价值逐渐下降。易腐农产品在运输过程中对低温冷链物流有较高要求。我国对于易腐农产品的流通技术投入较为缺乏，发展较为落后，导致了产品不易流通或流通的有效性低。研究表明，我国蔬菜、水果、马铃薯、粮食等的产后损耗率分别为20%～25%、15%～20%、15%～20%、7%～11%，估计有3000亿元以上的损失，远远高于发达国家的平均损耗率。

零售商在售卖易腐农产品时，不仅要面对易腐农产品的这些特点，还要应对许许多多影响市场供需情况的随机因素。因此，易腐农产品的零售商的经营风险大、利润低。零售商基于这样的经营背景，更要谨慎制定订货策略、优化流通质量、减小经营成本。

（二）腐农产品供应链的内涵

王丽娟对易腐农产品供应链给出了具体描述，她指出易腐农产品供应链即“包括易腐农产品生产、收购、运输、储存、装卸、搬运、包装、配送、流通加工、分销、信息活动等一系列环节，并且在这一过程中实现了易腐农产品价值增值和组织目标，所有参与者所组成的网络体系”。

（三）易腐农产品供应链模式

不同学者从不同的视角对易腐农产品供应链模式进行了分类。蒋侃（2006）将其划分成批发市场型、公司+农户型、连锁配送型三种基本形式。周波（2008）将其分为不同核心组织主导的模式，分别是超市主导型、龙头企业主导型、农民合作组织主导型、第三方物流主导型和专业批发市场主导型五种。国家统计局重庆调查总队课题组（2014）将其分传统模式和新型模式两种。其中，传统模式又分为传统流通模式，即“农业基地+批发市场+农贸市场”和一般超市流通模式，即“农业基地+批发市场+大型超市”；新型模式即“农超对接”流通模式，即“农业基地+大型超市”。

三、“农超对接”理论

（一）“农超对接”的内涵

“农超对接”是我国从国外农业发达国家引进的一种现代的农产品流通模式。2007 年 10 月，安徽省砀山县的农户将自种的梨，直接售卖到超市，标志着“农超对接”在我国的开端。十多年时间里，“农超对接”已经成为我国农产品最主要的流通模式之一。虽然国内学者研究“农超对接”的不在少数，熟悉该模式的人也在不断增加，而对于“农超对接”内涵，不同学者的理解仍差异较大。朱磊（2011）对“农超对接”的解释最为基本，他认为，“农超对接”就是一种砍掉了在整个流转过程中那些不必要的环节的新型模式，这样农产品零售商接受生产基地直接供货，超市将订货单直接给到农民专业合作社或散户等供应商处指导供应商进行农产品生产与供应。赵蕾、马丽斌（2012）在研究中用更为通俗的语言对“农超对接”进行了阐述：“农超对接”指超市与农产品供应商的直接交易，中间没有任何中间商。在这样的情况下，农民可以通过超市知道市场的需求情况，针对性地去生产市场需求大的产品，使得农产品的销售的不确定性得以消除，有利于产品的快速流通。如此一来，消费者也能在“农超对接”下得到实惠。朱丹（2012）与周庆（2012）对“农超对接”与赵蕾、马丽斌有着相似的认识，他们认为“农超对接”是能实现农户、超市与消费者的三赢模式。

胡定寰给出的“农超对接”的定义最清晰、全面，也是目前大多数学者认可的，定义为“农户和商家签订意向性协议书，由农户向超市、菜市场直供农产品的新型流通方式。超市利用市场信息、管理等方面的优势参与农业生产、加工、流通的全过程，为农业生产提供技术、物流、信息、产品销售等方面的整套服务，发挥流通带动生产的作用，促进农民增收”。

综合以上学者对“农超对接”的定义，简单来说“农超对接”是对传统农产品供应链的简化，剔除所有中间环节，实现供与需的直接对接，使得供应商与零售商有密切的联系。供应商直接向零售商供应农产品，零售商根据自身对市场的掌握，指导供应商进行生产。这里的源头供应商指农民散户或者由农民散户组织的农民专业合作社，终端零售商指大型连锁超市。“农超对接”供应链模式如图 6-1 所示。

（二）“农超对接”产生的背景

1. 超市竞争白热化，亟须发展新的核心竞争力

超市是 20 世纪 90 年代我国引进的一种现代化的零售业态。此后，全国各地超市的数量急剧增加，在全国范围内大范围地普及开来。这种

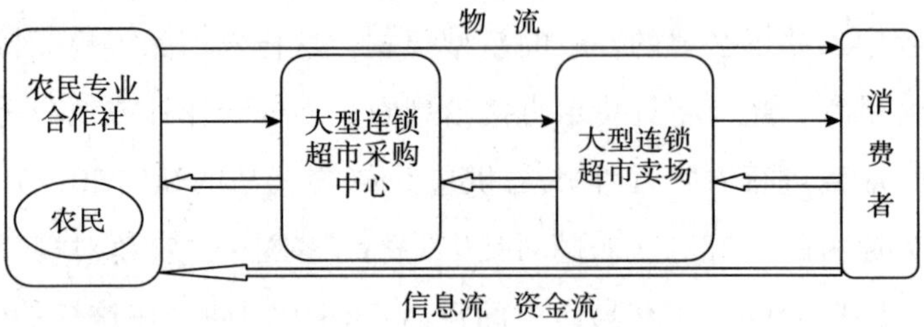

图 6-1 “农超对接”供应链模式

大范围的爆发式发展很快就带来了诸多问题，如商圈重叠、超市竞争激烈、不断出现价格战等消极竞争行为。超市增强自身核心竞争力的方式可以从两个方面入手：一是采购与其他超市有差异的特色农产品，在产品质量上取胜；二是在产品采购成本上入手，控制采购的成本，形成农产品市场的价格优势，在价格战中取胜。

我国农业有着小生产、大市场的特点。农民在农产品市场上处于弱势方，农产品生产信息落后导致盲目生产，市场交易机会难寻导致农产品滞销等问题一直存在。处于这种生产与销售困境中的农民渴望能与农产品供应链下游企业对话，依靠下游企业掌握准确的市场信息，也为自己生产的农产品找到更稳定的销路。

2. 传统流通模式弊端百出，寻求变革

而此时，中国零售业市场开始引进一些国际零售业的先进的管理模式，进而推进了我国农业产业化的发展。随着我国农业产业化的推进，农产品供应链的参与主体发展愈加成熟，传统农产品流通模式的缺点越发明显。如由于流通程序的繁复导致的流通效率低，过程中的消耗大，不能满足消费者日益提高的对农产品要求；供应链上中间商的存在提高了农产品的流通成本，实际上，中间商的收益就是供应商、零售商损失的收益。因此，我国传统的农产品流通模式亟须变革，农产品流通模式掀起一股创新热潮。这个时候，国际上那些农业发达国家广为使用的“农超对接”模式开始被我国农产品市场引进。早在 20 世纪初期 Pelf

和 Reardon 在研究时就发现了早期的“农超对接”的存在，2008 年 12 月，《关于开展农超对接试点工作的通知》的颁布，标志着我国“农超对接”发展正式开始。

（三）“农超对接”实现的条件

超级市场，简称超市，是一种在规模、品类等方面超出一般等级的新型零售商店。其中生鲜易腐农产品对超市的经营尤其重要，是决定超市每日客流量的关键因素。超市专业化的经营、货品开架陈列、明码标价、便捷购物体验及高品质的产品等，吸引了大批消费者。超市在农产品供应链中扮演的角色越来越重要，“农超对接”流通模式的出现是一种必然。鲍亚飞（2014）从大型超市、农民专业合作社与资金三个角度对“农超对接”的实现条件进行了叙述。靳俊喜（2014）则从超市方面、农民专业合作社方面与政府方面对“农超对接”的实现条件进行了叙述。本章综合两者的分析，从操作层与监管层两个方面来对“农超对接”的实现条件进行分析。

1. 操作层方面

操作层方面包括两个主体：一是农产品的供应商“农”；二是农产品的零售商“超”。接下来从这两个方面来对“农超对接”的实现条件进行分析。

供应商方面，包括农民散户与农民专业合作社。农民专业合作社的发展对于农民散户来说有重大意义，它把零散的农民聚集在一个组织内，为农户收集市场信息，开拓产品销路。长期以来，农民专业合作社在与农产品流通的中间商的交涉当中，处于弱势地位，争取不到农户应得的合理利益，这使农民专业合作社存在的价值没有得到体现。供与需的直接对接，极大地降低了这些不稳定因素，一是能从超市系统获得市场最准确的信息；二是通过减少中间商的利益分成从而为农民争取到更多的利益；三是找到一个有低风险的稳定销售渠道。

农产品零售商方面。我国农产品的零售场所可以分为两类：农贸市场和超市。农贸市场是各种农产品商贩的聚集地，供应的农产品质量参差不齐，市场环境卫生不理想，而且一些商贩存在缺斤少两的违规行为，因此导致消费者购物体验差。超市有着严格的进场标准以保障农产品的质量安全，同时能提高消费者的消费体验感，导购员服务意识强，给消费者提供良好、舒适的购物环境。因此，超市已经逐渐成为人们购买农产品以及各种生活用品的主要场所之一。目前我国的连锁超市单前百强的门店数就多达 10 万家。这种有实力、有信誉又有质量保障的超市，为我国“农超对接”模式的实现打下了基础。对于超市来说，发展“农超对接”主要原因有三个：

第一，超市追求自身利益最大化地必然条件。超市是一种高度规范化的现代化的零售业态，相关成本很高，为了追求利益，超市要最大化地减少在供应链上的支出，进而对供应链扁平化和流通高效率提出要求。

第二，超市在激烈竞争中突围的重要法宝。超市处于竞争激烈的市场当中，为了能在竞争中存货，超市就必须提升自身核心竞争力，从质量、效率及相关成本入手。这些“农超对接”都能满足这些要求。

第三，超市经营特点的内在要求。超市是一个大卖场，销售各种性质的产品，其中生鲜农产品对超市的经营有着非同一般的重要性。可以说，生鲜农产品是保证超市客流量的一个非常关键的产品。而生鲜农产品的易腐性、易折损性要求流通的时间尽量短、物流设备尽量达标以及农产品的质量安全问题要有保障。直接与农产品的生产者进行交易，是实现生鲜农产品的上述目标最有效的解决方式。

2. 监管层方面

监管层方面即为政府。传统农产品流通模式无法满足市场要求，市场主体都表现出对“农超对接”模式期望的背景下，政府制定相关的发展促进政策是使“农超对接”的发展处于政府可控的范围内，帮助“农超对接”模式更好落地实施，保持市场的健康发展。

（四）“农超对接”的特点

农超对接供应链是易腐农产品供应链的特殊形式，具有其鲜明的特点。

1. “农超对接”以易腐农产品为载体

易腐农产品有着鲜明的特征，如易腐性、时鲜性、易折损性、流通时效性等，这要求供应链环节尽量少，流通速度尽量快，物流技术尽量高。另外，与工业品相比，易腐农产品还具有生产非标准化的特点，其生长受多种因素的影响，因此生产出来的成品规格、品相、质量不尽相同。

2. “农超对接”主体合作缺乏稳定性

“农超对接”中，主体成员之间的动态博弈是导致双方合作不稳定的一个重要因素，双方都可能由于自身利益而选择违约的可能。张步阔（2016）将导致双方违约原因分为客观原因导致的不可抗因素和主观违约两种。比如，突发的自然灾害致使农户无法按时交货，就属于客观原因导致的不可抗因素导致的违约。

主观违约是“农”“超”双方博弈的结果。现实中，农民由于自身知识及意识的局限性，会出现各种违约的情况。这些违约行为会直接导致其下游超市出现缺货、产品质量不合格、不能及时根据市场需求供货的情况，造成超市利益受损。另外，很多超市利用自己在供应链上的强势主导地位，制定苛刻的产品质量标准，压低农产品入场价格，拖欠供应商货款以及一些其他损害农户利益的行为，导致供应链的合作关系不稳定。

3. 物流的复杂性

当前“农超对接”的物流模式分为两种：一种是由“农”负责的物流模式，在该模式下，“农”的话语权得到加强，在供应链的地位得到提高，但由于易腐农产品对运输设备有着严格的要求，需要分开运输、低温冷链运输，以农民专业合作社为代表的“农”方往往在设备与技术方面不能达标，无法保证农产品的运输时效和农产品质量。另外，由于信息的畅通度不及时可能造成耗费。

另一种是由“超”负责的物流模式。在该模式下，超市根据自身网点分布情况，采取购买过程中成本最小化的途径进行直接购买。但这种模式增加了超市的投资成本，需要大量的资金投入与专业型物流技术的引进。

4. 以市场需求为导向进行生产，实现共赢

“农超对接”以市场的需求为导向进行生产，处于供应链下游的超市根据电子系统监测到的市场需求数据进行分析、汇总，并对下期市场需求做预测，然后将信息传递给供应商，引导农产品的生产，避免供需不对称。此外，超市还可以监督生产环节，保证生产品的安全。通过供应链的这种传递，零售商超市和供应商农民专业合作社都可以根据市场信息的变化，及时地对合作作出反应。最重要的是，“农超对接”缩短了易腐农产品供应链的长度，减少了不必要的流通损耗与中间商分成，增加了供应链的整体收益。

四、经典的报童模型

（一）问题描述

报童模型是一个关于报童面对市场对报纸的随机需求情况下，且报纸具有时效性的特点下，如何决策每天最优的订货量的问题。每天为一个销售周期，过了当天之后，这一天的报纸就失去了时效性，在市场上失去了客户。每个销售周期期初，即每天早晨从报社购买报纸然后进行售卖。在小周周期末，也就是一天结束的时候，可以把没有售卖出去的以更低的价格重新给报社。假设零售价为 a，批发价为 b，回购价为 c，且 $a>b>c$。每卖出一份报纸，报童获得的收益为 $a-b$。可如果报纸有所剩余，没能卖完，则剩余一份报纸，损失 $b-c$。换句话说，如果报童当天购进的报纸数量低于市场需求，导致报纸不够卖的，收益没有最大

化；如果购进的报纸数量高于市场需求数，导致卖不完，就会赔钱。由于市场对于报纸的需求是随机需求，报童面对市场的随机需求，如何决定自己每天要购入的报纸的最优订购量，使得自己的收益最大化，这是经典的报童模型要解决的原始问题。

（二）模型分析

在报纸市场中，根据不确定的报纸需求量确定报纸购买量。假设在合理的范围内每天报纸的需求量为 r 份的概率是 $f(r)$。有了 $f(r)$ 和 a、b、c，就可以构建关于购进量的模型了。

假设报童每天购进报纸的数量为 n 份，报纸的随机需求量 r 的大小可以是小于 n，等于 n 或大于 n。因此，报童每天获得的收入与市场需求量一样也是个随机变量。这种不确定性注定我们不能以此作为目标函数，相应的，应该把这种不确定收入的长期期望值构建最优模型的目标函数。

（三）模型的建立

当报童每天购买 n 份报纸时，记平均收入为 $G(n)$，如果需求小于供给即 $r\leqslant n$ 时，则报童售出报纸 r 份，退回数量是 $n-r$ 份；如果这天需求量大于供给时，即 $r>n$ 时，则报童能够将所订购的 n 份报纸将全部售出。通常情况下，不确定的需求量 r 和购买量 n 都相当大，且将 r 视为连续变量更有理论上的分析意义，这时概率 $f(r)$ 转化为概率密度函数 $p(r)$，于是相应地，可以得到报童的平均收入 $G(n)$ 的表达式如下：

$$G(n)=\int_0^n[(a-b)r-(b-c)(n-r)]p(r)\mathrm{d}r+\int_n^\infty(a-b)np(r)\mathrm{d}r \quad (6-1)$$

经典的报童模型问题此时就归结为在 $f(r)$，a，b，c 已知时，求 n 使 $G(n)$ 最大。式(6-1)两边同时对 n 求导，有：

$$\frac{\mathrm{d}G}{\mathrm{d}n}=(a-b)np(n)-\int_0^n(b-c)p(r)\mathrm{d}r-(a-b)np(n)+$$

$$\int_n^\infty(a-b)p(r)\mathrm{d}r=-(b-c)\int_0^n p(r)\mathrm{d}r+(a-b)\int_n^\infty p(r)\mathrm{d}r$$

令$\frac{dG}{dn}=0$，得到

$$\frac{\int_0^n p(r)\,dr}{\int_n^\infty p(r)\,dr}=\frac{a-b}{b-c} \tag{6-2}$$

使报童达到最大日平均收入的购进量n^*应满足式(6-2)。因为$\int_0^\infty p(r)\,dr=1$，所以式（6-2）又可表示为：

$$\int_0^{n^*} p(r)\,dr=\frac{a-b}{a-c} \tag{6-3}$$

根据$p(r)$的图示，我们很容易从式(6-2)确定进货量n^*，使得期望收入$G(n^*)$最大。在图6-2中，P_1、P_2表示曲线$p(r)$下的两块面积，则式(6-3)可记作：

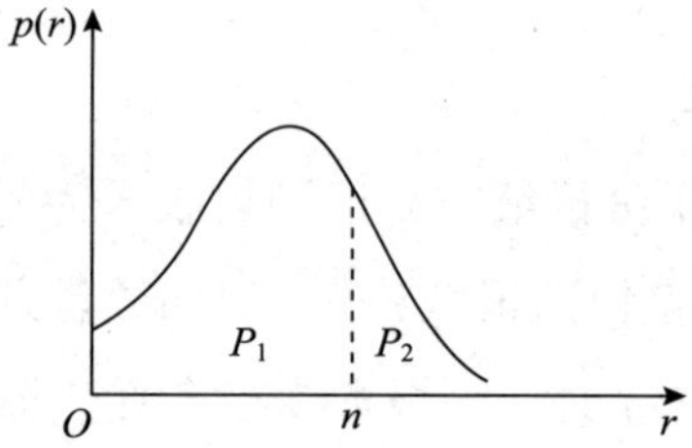

图6-2 由$p(r)$确定n的图解法

$$\frac{P_1}{P_2}=\frac{a-b}{b-c} \tag{6-4}$$

报纸卖不完即$r<n$的概率为$P_1=\int_0^n p(r)\,dr$；报纸全卖完即$r\geqslant n$的概率为$P_2=\int_n^\infty p(r)\,dr$。根据式（6-4），报纸购进的份数应该使卖不完和卖完的概率之比等于售出一份报纸赚的钱（$a-b$）与剩余一份要赔的钱（$b-c$）的比值。比值越大，进货越多。

五、收益共享契约理论

(一) 供应链协调的内涵

供应链是指由众多环节组成的使产品由初始未加工的状态变为消费者手中最终产品的过程，是集物流、资金流和信息流于一体的网络系统，其参与主体包括产品的生产者、产品供应的中间商、产品零售商和消费者等。供应链的参与者众多，供应链的参与主体之间的利益关系比较复杂，因此协调好供应链的参与主体之间的利益是保障供应链系统持续、高效、稳定运行，提高供应链系统绩效的关键。

关于供应链协调的定义，国内外许多学者基于不同视角给出了供应链协调的定义。

首先对协调作出定义的是 Malone，他认为协调是联盟实现一定目标过程中形成的一种相互依赖的关系，他在 1987 年定义协调为联盟中的成员为了实现目标而做出的决策和通信的模式。

Hewitt（1994）指出，供应链协调是对公司内部和相互之间的物料运输、供应链网络的各种资源和信息的传达的过程的协调和控制。虽然该定义并没有明确地指出协调的目标，但 Hewitt 给出了要实现供应链协调，供应链各成员可以使用的一些方法。

李赤林（2003）认为，供应链协调就是参与成员之间为了使供应链发挥最大的作用，取得最大收益，通过统一化的决策制定而采取的各种活动。他还指出，供应链协调失效的原因是因为供应链在不同阶段所面对的目标有所冲突以及供应链各成员之间存在信息传播不完全对称的情况。

庄品（2004）认为，供应链协调就是参与成员通过对物流、信息流和资金流的合理分配，最终实现供应链整体收益比各个参与主体单独的收益加起来的总和更大的结果。

Arshinder、Kanda 和 Deshmukh（2011）给出供应链协调的定义则

更完善，更符合生活实际，也获得很多学者赞同。Kaur 对其定义为："识别并设计协调机制来管理成员企业之间相互依赖的各种活动，通过实施这些协调机制可以有效地提高参与企业的经济效益。"

Lariviere（1999）在研究中指出，供应链绩效低下的原因是某些供应链的参与主体的行为对整个供应链产生了负的外部性效应。为了解决该"外部性"，Larivirer 和 Tsay 提出了修改交易规则和优化贸易结构两种解决方法。后来的学者将这两种解决方法逐渐演变成了今天所说的契约协调机制和信息协调机制。本章要讨论的就是其中的契约协调机制。

（二）供应链协调机制

供应链契约是在各参与成员之间成立的，大家都统一用一种具有约束力的法律文件。通过具体的量化模型方式，分析成员间的经济关系，并确定数学模型上的系数，研究对成员的激励效果以及利润的最大化，以此达到市场的最优。简单来讲，就是指通过对参与成员的一种激励，使各成员之间能够有效达成使整体效益最大。目前市面上存在供应链契约主要有批发价格契约、回购契约、收益共享契约、数量弹性契约，其中收益共享契约是目前研究较多、运用较广泛的形式。

1. 批发价格契约

批发价格契约是最简单的一种，在该契约下，农产品批量售出价格是市场双方共同决定的，需求方根据市场已经确定的价格和市场的需求状况预测最优的购货量，而供给方则根据需求侧的订购量进行批量的生产。现有研究很多都证实，单纯依赖该形式的共享契约并不能有效对供应链进行及时的调控，为此，其他不同形式的契约需要进行进一步的补充。

2. 回购契约

回购契约最早是由 Pasternack 提出的。它是一种激励性质的契约，也被称为退货契约。在该契约下，订购方无须担心是否可以销售完，因为它一方面可以保证供给方可以一定的价格进行产品回收，另一方面还会在期末对订购方进行补贴。该契约一般用于像报纸这类生命周期比较短的商品。然而在今天的产品市场，电子商务的发展使得消费者也成为供应链的退货系统的主体，回购契约变得更加复杂。

3. 数量折扣契约

该契约与二级价格歧视有很大相似之处，它根据不同的订购量来确定不同的订购价格，是供给方对需求方的一个价格歧视。随着数量的增加，在一定范围内，价格就会越低。

4. 收益共享契约

收益共享契约是实用性很强且非常有效的协调方式。供应链收益共享契约主要有两个重要特点：一是批发价格比较低，甚至可以低于生产商生产产品的成本，具体的批发价格由供应商与零售商共同商定，或者可由供应商决定；二是供应链的参与主体收益共享，也就是零售商将其销售所得按双方共同约定的比例分配给供应商，在供应链参与主体地位极端不平等的情况下，也会由供应链上占有绝对优势的一方确定该比例系数。

供应链协调是构成供应链管理的重要内容，而收益共享契约是改进供应链运作绩效的一种重要协调方式，通过收益共享契约协调供应链上参与主体之间的合作关系，能够实现供应链上供应商、零售商、消费者三方的共赢。

六、小结

易腐农产品又称鲜活农产品或生鲜农产品。“农超对接”在当前的农产品经济发展中的地位越来越重要，它是以一种更快、更高效的模式对农产品进行环节流通，其主要载体是易腐农产品。虽然“农超对接”发展迅速，但也存在许许多多的问题，其中“农”“超”之间收益分配问题是核心问题之一；报童模型面对的市场需求是随机的，产品特点是具有短期时效性，目的是求出零售商的最优订货决策；收益共享契约在很多情况下已经被验证是一种有效的供应链协调机制，尤其是在工业品供应链中，发展已经相当成熟。现有文献以报童模型为基础研究收益共享契约在供应链上的应用，建立供应链收益共享契约模型的已经有很多，但这些研究主要集中在工业品供应链上，虽然已经有很多学者将收益共享契约应用在农产品供应链时的有效性，但成果还很少。

通过理论分析，我们发现易腐农产品有许多特征，与报童模型中的产品报纸相同：首先，报纸是一种有时效性的产品，生命周期只有短短一天，而易腐农产品最大的特点就是易腐烂、不耐储存，生命周期较短，而且价值会随着时间的推移降低。其次，报纸市场需求是随机的，而易腐农产品面临的市场需求也受到很多不确定因素的影响，因此也是随机需求。因此，本章的主要任务是通过构建一个基本的供应链收益共享契约模型，然后对该模型进行拓展，研究出一个农产品供应链上的收益共享契约模型。

第二节　供应链收益共享契约模型

一、模型假设

（1）本章研究单一产品的二阶供应链，该供应链的参与主体是一个供应商 S 与一个零售商 R。假设供应商 S 和零售商 R 相互独立，供应链提供的产品能够满足市场需求。

（2）研究的单一产品生命周期较短，为时令性产品，市场需求具有随机性。

（3）假设零售商 R 是供应链中的领导者，供应商 S 则是供应链中的追随者。二者的博弈顺序为：第一步，双方共同协商确定零售商 R

的收益共享参数；第二步，供应商 S 确定单位的产品批发价格；第三步，零售商决定产品订购量与单位产品的零售价格。

（4）产品市场价格为外生变量，供应链信息是完全对称的。因此，零售商 R 能够获得所有需要的信息，正确推断市场需求量，制定最佳应对决策。

（5）供应商 S 和零售商 R 都为风险中性和完全理性的经济人，根据自身收益最大化原则进行决策。

（6）不考虑缺货损失，产品全都能低价处理，无剩余。

对基本变量做如下定义：

c——单位产品生产成本；

c_r——单位产品的销售成本（支付给供应商 S 之外的费用）；

w——单位产品批发价格；

p——单位产品零售价格；

v——销售季节过后，剩余产品的单位处理价格；

Q——零售商 R 的订购量；

φ——零售商 R 占销售收益的份额；

$(1-\varphi)$——供应商 S 占销售收益的份额；

x——产品市场随机需求；

$S(Q)$——产品市场实际需求量；

$f(x)$——随机变量 x 的概率密度函数；

$F(x)$——随机变量 x 的分布函数。$F(x)$ 可微且单调递增，满足：$F(0)=0$，$\overline{F}(x)=1-F(x)$。则产品市场需求 X 的均值为 $\mu=E(x)=\int_0^\infty xf(x)\mathrm{d}x$。

记零售商 RS 的期望销售量为 $S(Q)$，则有：

$$S(Q)=E[\min(Q,X)]=\int_0^\infty (Q\hat{}x)f(x)\mathrm{d}x=\int_0^\infty \int_0^{Q\hat{}x}\mathrm{d}yf(x)\mathrm{d}x$$

$$=\int_0^Q \int_y^\infty f(x)\mathrm{d}x\mathrm{d}y=\int_0^Q [1-F(x)]\mathrm{d}x=\int_0^Q \overline{F}(x)\mathrm{d}x$$

于是，可得零售商 R 的期望剩余量为：$I(Q)=E(Q-x)^{+}=Q-S(Q)$。

二、模型的建立

根据上述假设，可以得出在供应链收益共享契约下零售商 R、供应商 S 以及整个供应链的收益函数。

零售商 R 收益函数为：

$$\prod_R = \varphi pS(Q) - wQ + \varphi v[Q - S(Q)] \qquad (6-5)$$

供应商 S 的收益函数为：

$$\prod_S = (1-\varphi)pS(Q) + wQ - cQ + (1-\varphi)[Q - S(Q)] \qquad (6\text{-}6)$$

整个供应链的收益函数为：

$$\prod_L = \prod_R + \prod_S = pS(Q) - cQ - c_rQ + v[Q - S(Q)] \qquad (6\text{-}7)$$

三、模型的分析

在供应链种使用收益共享契约的目的是要达到使供应链的整体绩效达到集中控制下的水平。集中控制下的供应链可以看作一个整体，供应链的参与主体供应商 S 和零售商 R 在这种情况下达到了完全的协作关系，都以追求供应链整体利益的最大化为决策目标。第一步先求出集中控制下，满足供应链期望收益最大化的产品订货量；第二步求出收益共享契约约束下的决策行为分析，求出满足零售商 R 期望收益最大化的产品订货量；第三步求分散控制时非供应链收益共享模式下的决策行为分析，求出满足供应商 S 收益最大化的产品订货量，并将这些数值带入供应商 S 的期望收益函数式中，求出使供应商 S 收益最大化的批发价格。根据供应链协调的目标，找出这些数值之间隐藏的函数关系，最终求解出零售商 R 的收益共享参数的范围。

（一）集中控制情况下的决策行为分析

下面来看集中控制下供应链整体所达到的最优绩效以及相应的

条件。

集中控制下供应链整体的期望收益函数为：

$$E\prod_L = p\int_0^Q \overline{F}(x)\,\mathrm{d}x - cQ - c_rQ + v\int_0^Q F(x)\,\mathrm{d}x \tag{6-8}$$

对式（3-11）求关于订购量 Q 的一阶偏导数，且令其一阶偏导等于0，于是有：

$$\frac{\partial E\prod_L}{\partial Q} = p\,\overline{F}(Q) - c - c_r + vF(Q) = 0 \tag{6-9}$$

解得：

$$Q' = F^{-1}\left(\frac{p - c - c_r}{p - v}\right) \tag{6-10}$$

给定常数 p、c 的值与函数 $F(x)$ 的表达式，就可以求出集中决策情况下供应链整体利益的最优时的最优订购量 Q'。

这时，把 Q' 代入式（6-8）即可得到供应链整体在集中控制下所能达到的最优的期望收益为：

$$E\prod_L = p\int_0^{Q'} \overline{F}(x)\,\mathrm{d}x - cQ' - c_rQ' + v\int_0^{Q'} F(x)\,\mathrm{d}x \tag{6-11}$$

（二）供应链收益共享契约下的决策行为分析

在供应链收益共享契约模式下，零售商 R 从供应商 S 处以较低的批发价格 w 购入数量为 Q 的某种易腐农产品，双方签订契约，在产品售卖周期结束后，零售商 R 将收益的 $(1-\varphi)$ 比例共享给供应商 S。供应链收益共享模式下，零售商 R 与供应商 S 实施供应链收益共享契约的目的是要使供应链整体收益达到集中控制下的绩效水平。

本章采用后退归纳求解法进行分析，先对供应链零售商 R 的决策行为进行分析，供应链零售商 R 期望收益函数如下：

$$E\prod_R = \varphi p\int_0^Q \overline{F}(x)\,\mathrm{d}x - wQ - c_rQ + \varphi v\int_0^Q F(x)\,\mathrm{d}x \tag{6-12}$$

对式（6-12）求关于 Q 的一阶偏导，且令其一阶偏导等于0，于是有：

$$\frac{\partial E\prod_R}{\partial Q}=\varphi p\,\overline{F}(Q)-w-c_r+\varphi vF(Q)=0 \tag{6-13}$$

解得：

$$Q^*=F^{-1}\left(\frac{\varphi p-w-c_r}{\varphi(p-v)}\right) \tag{6-14}$$

给定常数 φ，p、w、c_r、v 的值与函数式 $F(x)$ 的表达式，就可以求出 Q^*，Q^* 即供应链收益共享契约下满足零售商 R 期望收益最大化原则的最优订购量。

将 Q^* 代入式（6-6）可得零售商 R 最优订购量下的供应商 S 期望收益函数：

$$E\prod{}_S^*=(1-\varphi)\int_0^{Q^*}\overline{F}(x)\,\mathrm{d}x+(w-c)Q^*+(1-\varphi)v\int_0^{Q^*}F(x)\,\mathrm{d}x \tag{6-15}$$

在供应链收益共享契约的约束下，零售商 R 的决策行为供应链整体收益与集中控制下的供应链整体收益水平一致，即满足 $E\prod{}_R^*+E\prod{}_S^*=E\prod{}'_L$，该等式成立的必要条件就是 $Q^*=Q'$成立。比较式(6-11)和式(6-14)可得 $w=\varphi(c+c_r)-c_r$，该结论与 Cachon 和 Lariviere（2000）得出的结论相同。

将式 $w=\varphi(c+c_r)-c_r$ 代入式（6-12）可得零售商 R 期望收益函数为：

$$\begin{aligned}E\prod{}_R&=\varphi p\int_0^{Q}\overline{F}(x)\,\mathrm{D}x-\varphi(c+c_r)Q+\varphi v\int_0^{Q}F(x)\,\mathrm{D}x\\&=(\varphi p-c-c_r)Q-\varphi(p-v)\int_0^{Q}F(x)\,\mathrm{D}x\end{aligned} \tag{6-16}$$

供应商 S 的期望收益函数为：

$$E\prod{}_S=E\prod{}_L-E\prod{}_R=(1-\varphi)E\prod{}_L \tag{6-17}$$

（三）分散控制情况下的决策行为分析

在没有供应链收益共享契约的约束下，供应链的参与主体之间的决策行为是一个动态的 Stackelberg 博弈过程。对于供应链领导者零售商 R 来说，产品销售周期所获得的收益不仅取决于自身的决策行为，处于上游的供应商 S 的决策行为对零售商 R 的收益也有一定的影响。所以追求自身收益最大化的零售商 R 除了考虑自己的决策，还要考虑整个供应链上其他参与主体决策对自己的影响。由后退归纳法，在博弈的第一阶段，零售商 R 根据易腐农产品市场的随机需求 X，确定满足自身收益最大化的产品订购量 Q。

在供应链收益共享模式下，根据上述假设，零售商 R 与供应商 S 存在 Stackelberg 博弈关系，且零售商 R 为领导者，供应商 S 为追随者。

给定单位产品批发价格 w，可分别得出零售商 R 与供应商 S 的期望收益函数如下：

零售商 R 的期望收益函数为：

$$E\prod{}_R^D=p\int_0^Q\overline{F}(x)\mathrm{D}x-wQ-c_rQ+v\int_0^Q F(x)\mathrm{D}x \tag{6-18}$$

供应商 S 的期望收益函数为：

$$E\prod{}_S^D=(w-c)Q \tag{6-19}$$

对式（6-18）求关于 Q 的一阶偏导数，且令其一阶偏导数等于 0，可得：

$$\frac{\partial E\prod{}_R^D}{\partial Q}=p-w-c_r-(p-v)F(Q)=0 \tag{6-20}$$

可得零售商 R 收益的最大化时最优订购量为：

$$Q''=F^{-1}\left(\frac{p-w-c_r}{p-v}\right) \tag{6-21}$$

在博弈的第二阶段，供应商 S 根据零售商 R 的订购量 Q''以及自己的成本确定批发价格 w。将零售商 R 的最优订购量 Q''代入式（6-15）可得零售商 R 最优订购量下，供应商 S 的收益函数为：

$$E\prod{}_S^D=(w-c)F^{-1}\left(\frac{p-w-c_r}{p-v}\right) \tag{6-22}$$

对式（6-22）求关于 w 的偏导数，且令其一阶偏导数等于 0，可得：

$$\frac{\partial E\prod_{S}^{D}}{\partial w}=F^{-1}\left(\frac{p-w''-c_r}{p-v}\right)-(w''-c)\frac{\partial F^{-1}\left(\frac{p-w''-c_r}{p-v}\right)}{\partial w''}=0$$

（6-23）

给定常数 p、c_r、v 和函数 $F^{-1}(x)$ 的表达式，可求出使供应商 S 期望收益达到最优时的 w''的值。

这里求出的(Q'', w'')，即为该情况下的 Stakelberg 均衡解，亦为分散控制下非供应链收益共享模式下的供应链的最优解。

将 Q''，w''分别代入式（6-18）、式（6-19）可得分散决策情况下零售商 R 与供应商 S 的期望收益：

$$E\prod_{R}^{D}=p\int_{0}^{Q''}\overline{F}(x)\,\mathrm{d}x-w''Q''-c_rQ''+v\int_{0}^{Q''}F(x)\,\mathrm{d}x \tag{6-24}$$

$$E\prod_{S}^{D*}=(w''-c)Q'' \tag{6-25}$$

（四）供应链收益共享契约参数的分析

如前文所给出的假设条件，由供应链零售商 R 与供应商 S 通过双方的协商，共同确定供应链收益共享契约参数 φ，也即零售商 R 所占供应链整体收益的比例大小。下面来分析契约参数 φ 的可能取值范围。

在理性经济人的约束下，供应链的参与主体只会考虑自身利益，所做的一切决策目的都是实现自身利益的最大化。因此，收益共享契约必须要能够使参与主体所获得的收益不得小于分散控制下各自决策所获得的收益。因此，要保证在收益共享契约的制约下供应链的参与主体的收益全是帕累托改进，就要使得以下两个不等式成立：

$$E\prod_{R}>E\prod_{R}^{D*},\ E\prod_{S}>E\prod_{S}^{D*}$$

将式（6-22）分别代入上式可得：

$$\frac{E\prod_{R}^{D''}}{E\prod_{L}}<\varphi<1-\frac{E\prod_{S}^{D''}}{E\prod_{L}} \tag{6-26}$$

供应链零售商R与供应商S在设计具体的供应链收益共享契约，商议契约参数φ的大小时。其取值范围处于上述不等式的范围之内，只有这样才能让供应链的参与主体供应商与零售商都能接受这个契约。但至于φ到底取什么值，则要取决于供应商S和零售商R各自在供应链上的地位以及相互之间的谈判能力。

四、小结

本章在报童模型的基础上构建了供应链收益共享契约模型。通过理论分析，探讨了供应链供应商与零售商在集中控制、收益共享契约约束与分散控制情况下的供应链整体与参与主体的收益，并通过供应链协调目标，确定收益共享参数的大小。

第三节 易腐农产品的供应链收益共享契约研究

一、问题描述

“新鲜”是易腐农产品的核心竞争点之一。由于易腐农产品生命周期较短且其新鲜度随着时间的推移而下降。因此，易腐农产品的上架时间越长，其市场竞争力和消费者的购买意愿越弱。在实际销售中，超市会根据易腐农产品生命周期内的新鲜度在一定时间点对易腐农产品进行折扣或降价处理来增加销售量，以期减小损失。此外，超市经常会为了增加店面人流量而进行一些促销活动，如广告宣传、折扣、满减等。如果促销的成本由超市单独承担，作为理性经济人的超市根据自身收益最大化原则决定促销的促销努力水平，如此整个供应链收益就无法达到最大化。

经典的报童模型解决的是在市场随机需求的条件下求解期望收益最大化的产品订货量的问题。报童模型假设订货量大于需求量时，在产品的销售周期末多余的库存会采用折扣或清仓的办法处理掉，而当订货量小于需求量时会损失利润。学术界现在对于随机需求情况下的供应链协调的研究，就是以报童模型为基础的。

本将标准的报童模型进行拓展，在探讨农民专业合作社与超市基于“农超对接”模式下的博弈问题，在针对市场随机需求受到产品价格影响、考虑超市促销努力水平的情况下，建立供应链收益共享契约模型。主要分为三个部分：第一部分分析集中控制下的决策行为；第二部分对供应链收益共享契约下零售商的决策进行分析；第三部分对分散决策下供应商的决策进行分析。将三种情况下分别求得的最优量进行比较，并根据帕累托最优来求解合理的契约参数 φ 取值范围。该范围内的契约参数 φ 要能够提高整个供应链的收益，达到农户与超市之间收益共享。

超市 S 与合作社 C 的 Stackelberg 博弈可分为三步：

第一步：双方协商确定超市 S 的收益共享参数；

第二步：合作社 C 确定单位产品的批发价格；

第三步：超市 S 确定单位产品的零售价格、订购量与促销努力水平。

二、模型假设

（1）将“农超对接”下单一易腐农产品供应链看成由单个供应商与单个零售商组成的二阶供应链。记供应商为合作社 C，记零售商为超市 S。

（2）假设合作社 C 和超市 S 相互独立，合作社 C 提供的产品能够满足超市 S 的订货要求。

（3）易腐农产品的市场需求是随机的，需求受产品价格 p 与超市促

销努力水平 e 影响。因为易腐农产品是短生命周期的时令性产品，且订货提前期较长，因此超市 S 只有一次订货机会。

（4）在周期末商品能够全部卖出，无剩余。

（5）与产品相关的市场需求、零售价格、库存成本和处理成本等信息都是对称的。因此，供应链领导者超市 S 能够获得所有需要的信息，正确推断市场需求量，制定最佳应对决策。

（6）供应商和零售商都是风险中性和完全理性，都根据期望收益最大化原则进行决策。

（7）博弈顺序为 RSR：双方先协商确定超市 S 的收益共享参数 φ，合作社 C 据此决定单位产品的批发价格 w，之后超市 S 在根据合作社 C 的批发价格决定产品的最优订购量 Q、单位产品的销售价格 p(内生变量)与促销努力水平 e。

（8）超市 S 的促销活动能够增加市场对易腐农产品的需求，使得超市 S 自身与合作社 C 双方都会得到更多的利润。本书与林略、杨书萍、但斌（2010）一样假设促销成本与供应链受益一样由双方共担情况。

（9）本书与林略、杨书萍、但斌、赵霞、吴卫方一样，产品的市场零售价格看作超市 S 的内生决策变量，由超市 S 根据自身所掌握的信息，根据自身收益最大化原则而决定。

基于以上假设，本书对模型的基本变量做如下定义：

c——单位易腐农产品生产成本。

c_r——单位易腐农产品的销售成本(支付给合作社之外的费用)。

w——单位易腐农产品批发价格。

p——单位易腐农产品零售价格。

v——剩余易腐农产品的单位处理价格。

Q——超市的订购量。

φ——收益共享参数，也即超市占销售收益的比例。

$(1-\varphi)$——供应商占销售收益的比例。

$d(p)$——与易腐农产品价格相关的市场需求。

$S(Q, p, e)$——易腐农产品市场实际需求量。

$e(e\geqslant 0)$——超市促销的促销努力水平。

$\gamma(e)$——超市促销努力水平 e 对应的产品需求增长量。$\gamma(e)$ 连续、非负且二阶可微，是 e 的增函数，满足 $\gamma'(e)>0$，$\gamma''(e)\leqslant 0$。

$c(e)$——超市努力成本，且 $c(0)=0$，且 $c'(e)>0$，$c''(e)>0$。$F(d\mid e)$ 表示在促销努力水平 e 下的需求分布函数。

ξ——影响需求的随机变量。

$f(\xi)$——随机变量 ξ 的概率密度函数。

$F(\xi)$——随机变量 ξ 的分布函数；记 $\overline{F}(\xi)=1-F(\xi)$。

$X(p, e, \xi)$——易腐农产品随机市场需求函数。

$f(x\mid p, e)$——随机需求 x 的概率密度函数，$f(x\mid p, e)=f[x-d(p)-\gamma(e)]$。

$F(x\mid p, e)$——随机需求 x 的分布函数，$F(x\mid e)=F[x-d(p)-\gamma(e)]$。

易腐农产品的市场需求受天气等不确定因素的影响，因此是随机需求，同时又是易腐农产品零售价格与超市 S 的促销努力水平的函数，因此在超市 S 的促销努力水平为 e 时，市场需求为 $X(p, \xi, e)$，其对应的需求概率密度函数和需求分布函数分别为 $f(x\mid p, e)$、$F(x\mid p, e)$，其中 $F(x\mid p, e)$ 连续可微；由于易腐农产品市场需求是促销努力水平 e 的增函数，故 $\frac{\partial F(x\mid p, e)}{\partial e}>0$，又由于易腐农产品市场需求是单位零售价格的减函数，故 $\frac{\partial F(x\mid p, e)}{\partial p}<0$。

与梁喜和方昭、孟瑶、赵丹一样，本书采用加法模式来构造需求函数。假设易腐农产品市场需求函数为：

$$X(p, e, \xi)=a-bp+\gamma(e)+\xi$$

令 $d(p)=a-bp$，其中 $a(a>0)$ 为产品市场规模，$b(b>0)$ 为需求价格敏感系数。ξ 表示与单位易腐农产品零售价格 p 以及超市 S 的促销努力水平 e 无关的，且不可消除的市场随机因素。$f(\xi)$、$F(\xi)$ 分别是其概率密度函数和累计分布函数，$F(\xi)$ 是连续可微的。

与 James 等一致，超市 S 需要在明确易腐农产品市场实际需求之前就确定易腐农产品的订购量 Q、销售价格 p 与促销努力水平 e。

令 $z=Q-d(p)-\gamma(e)$，用 $S(Q, p, e)$ 表示超市 S 已知易腐农产品订购量 Q、销售价格 p 和促销努力水平 e 下的销售量，可得期望销售量为：

$$
\begin{aligned}
S(Q, p, e) &= E\{\min[Q, X(p, \xi, e)]\} \\
&= E\{d(p) + \gamma(e) + \min(z, \xi)\} \\
&= d(p) + \gamma(e) + [z - \int_0^z F(\xi) d\xi] \\
&= Q - \int_{d(p)+\gamma(e)}^{Q} F[x - d(p) - \gamma(e)] dx
\end{aligned}
$$

则超市 S 的期望销售剩余量为：

$$I(Q)=E[Q-S(Q, p, e)]^{+}=Q-S(Q, p, e)$$

三、模型的建立

根据已知的模型假设，可以得出在易腐农产品供应链收益共享契约下处于农超对接模式中的供应链零售商超市 S、供应链供应商合作社 C 以及整个供应链的收益函数。零售周期之初，超市 S 与合作社 C 会协商确定超市 S 的收益共享参数 φ 的大小。于是可以得出零售商超市 S 的期望收益函数、供应商合作社 C 的期望收益函数与整个供应链的期望收益函数的表达式如下：

零售商超市 S 的期望收益函数为：

$$\prod_S = \varphi pS(Q,\ p,\ e) - wQ - c_r Q + \varphi v[Q - S(Q,\ p,\ e)] - \varphi c(e)$$

$$= (\varphi p - w - c_r)Q - \varphi(p - v)\int_{d(p)+\gamma(e)}^{Q} F[x - d(p) - \gamma(e)]dx - \varphi c(e)$$

$$= (\varphi p - w - c_r)[z + d(p) + \gamma(e)] - \varphi(p - v)\int_0^z F(\xi)d\xi - \varphi c(e) \tag{6-27}$$

供应商合作社 C 的期望收益函数为：

$$\prod_C = (1 - \varphi)pS(Q,\ e) + wQ - cQ + (1 - \varphi)v[Q - S(Q,\ e)] - (1 - \varphi)c(e) = [(1 - \varphi)p + w - c]Q - (1 - \varphi)(p - v)\int_{d(p)+\gamma(e)}^{Q} F[x - d(p) - \gamma(e)]dx - (1 - \varphi)c(e)$$

$$= [(1 - \varphi)p + w - c][z + d(p) + \gamma(e)] - (1 - \varphi)(p - v)\int_0^z F(\xi)d\xi - (1 - \varphi)c(e) \tag{6-28}$$

整个供应链的期望收益函数为：

$$\prod_L = \prod_R + \prod_S = pS(Q,\ p,\ e) - cQ - c_r Q + v[Q - S(Q,\ p,\ e)] - c(e)$$

$$= (p - c - c_r)Q - (p - v)\int_{d(p)+\gamma(e)}^{Q} F[x - d(p) - \gamma(e)]dx - c(e)$$

$$= (p - c - c_r)[z + d(p) + \gamma(e)] - (p - v)\int_0^z F(\xi)d\xi - c(e) \tag{6-29}$$

四、模型分析

超市 S 与合作社 C 实施供应链收益共享契约的目的是使整个供应链的绩效达到集中控制下整个供应链绩效的最优水平。集中控制下的供应链是一个完全的整体，超市 S 和合作社 C 是完全的协作关系，它们的目的是追求供应链整体收益的最大化。本部分第一步先求出集中控制下满足供应链期望收益最大化的产品订货量、零售价格与超市 S 的促销努力水平（Q'，p'，e'）；第二步对供应链收益共享模式下的决策行为分析，求出满足超市 S 期望收益最大化的产品订货量、零售价格与超市 S 的促销努力水平(Q^* , p^* , e^*)；第三步求分散控制时非供应链收益共享模式下的决策行为分析，求出满足合作社 C 收益最大化的产品订货量、零售价格与超市 S 的促销努力水平(Q'', p'', e'')，并将这些数值代入合作社 C 的期望收益函数式中，求出使合作社 C 收益最大化的批发价格 w''。找出这些数值之间隐藏的函数关系，最终求解出超市 S 的收益共享参数 φ 的范围。

（一）集中控制情况下的决策行为分析

首先看集中控制下供应链整体的所能获得最大收益以及相应的条件。

已知集中控制下整个供应链期望收益函数为式（6-29），对式（6-29）求关于 z、p 和 e 的一阶偏导数，且分别令其一阶偏导等于零，可得：

$$\frac{\partial \prod_L}{\partial z} = p - c - c_r - (p - v)F(z) = 0 \tag{6-30}$$

$$\frac{\partial \prod_L}{\partial p} = z + d(p) + \gamma(e) + (p - c - c_r)d'(p) - \int_0^z F(\xi)d\xi = 0 \tag{6-31}$$

$$\frac{\partial \prod_L}{\partial e} = (p - c - c_r)\gamma'(e) - c'(e) = 0 \tag{6-32}$$

求解式（6-30）、（6-31）、（6-32），解得：

$$p' = \frac{z + a + \gamma(e) + bc + bc_r - \int_0^z F(\xi)d\xi}{2b} \tag{6-33}$$

$$z' = F^{-1}\left(\frac{p'-c-c_r}{p'-v}\right) \tag{6-34}$$

$$\frac{c'(e')}{\gamma'(e')} = p-c-c_r \tag{6-35}$$

给定常数 v、c、c_r 的值与函数 $d(p)$、$c(e)$、$\gamma(e)$ 的表达式，就可以求出使供应链整体收益最大化的最优解 (z', p', e')。其中，p' 即集中控制下，易腐农产品供应链整体期望收益最大时超市 S 确定的单位产品的零售价格；e' 即集中控制下，易腐农产品供应链整体期望收益最大时超市 S 的最优促销努力水平。将 (z', p', e') 代入表达式 $Q=z+d(p)+\gamma(e)$，可求出 $Q'=z'+d(p')+\gamma(e')$，Q' 即集中控制下，易腐农产品供应链整体期望收益最大时超市 S 的最优订购量。

同样给定常数 v、c、c_r 与函数式 $d(p)$、$c(e)$、$\gamma(e)$ 的表达式，把 (Q', p', e') 代入式(6-29)即可得到整个供应链在集中控制下所能达到的最大的期望收益 $\prod'_L$：

$$\prod{}'_L = (p' - c - c_r)Q' - (p' - v)\int_{d(p')+\gamma(e')}^{Q'} F[x - \mathrm{d}(p') - \gamma(e')]\mathrm{d}x - c(e') \tag{6-36}$$

综上分析可得，集中控制下，易腐农产品整个供应链所能达到最大期望收益为 $\prod'_L$；易腐农产品供应链整体期望收益最大时超市 S 确定的单位产品的零售价格为 p'；易腐农产品供应链整体期望收益最大时超市 S 的最优促销努力水平为 e'；易腐农产品供应链整体期望收益最大时超市 S 的最优订购量为 Q'。

（二）供应链收益共享模式下的决策行为分析

在供应链收益共享契约模式下，超市 S 从合作社 C 处以较低的批发价格 w 购入数量为 Q 的某种易腐农产品，双方签订契约，在产品售卖周期结束后，超市 S 将收益的（$1-\varphi$）比例共享给合作社 C。同时，对于超市额外的促销成本 c（e），合作社 C 也承担（$1-\varphi$）比例。在供应链上使用收益共享契约的目的是要保证供应链的整体收益达到集中控制时的水平。在供应链收益共享情况下，根据上述假设，超市 S 与合作社 C 存在 Stackelberg 博弈关系，且超市 S 为领导者，合作社 C 为追随者。

根据后退归纳分析求解法，先对零售商超市 S 的决策行为进行分析，在供应链收益共享契约下，根据超市 S 的期望收益函数表达式，求出超市 S 的期望收益最大时确定的单位产品的零售价格 p、订购量 Q 与促销努力水平 e。

已知式（4-1）是超市 S 的期望收益函数，对其求关于 z、p 和 e 的一阶偏导，且令其一阶偏导分别等于零，可得：

$$\frac{\partial \prod_S}{\partial z} = \varphi p - w - c_r - \varphi(p - v)F(z) = 0 \tag{6-37}$$

$$\frac{\partial \prod_S}{\partial p} = \varphi[z + \mathrm{d}(p) + \gamma(e)] + (\varphi p - w - c_r)d'(p) - \varphi\int_0^z F(\xi)\mathrm{d}\xi = 0 \tag{6-38}$$

$$\frac{\partial \prod_S}{\partial e} = (\varphi p - w - c_r)\gamma'(e) - \varphi c'(e) = 0 \tag{6-39}$$

求解式（6-37）、式（6-38）、式（6-39），解得：

$$z^* = F^{-1}\left(\frac{\varphi p-w-c_r}{\varphi(p-v)}\right) \tag{6-40}$$

$$p^* = \frac{z + a + \gamma(e) - \int_0^z F(x)\mathrm{d}x}{2b} + \frac{w + c_r}{2\varphi} \tag{6-41}$$

$$\frac{\varphi c'(e^*)}{\gamma'(e^*)} = \varphi p-w-c_r \tag{6-42}$$

已知 v、w、c_r 与表达式 $F(x)$、$c(e)$、$\gamma(e)$，就可以求出最优解 (z^*, p^*, e^*)。其中，p^* 即供应链收益共享契约下，超市 S 收益最大化时的单位产品的零售价格；e^* 即供应链收益共享契约下，超市 S 收益最大化时的最优超市 S 的促销努力水平。将 (z^*, p^*, e^*) 代入表达式 $Q=z+\mathrm{d}(p)+\gamma(e)$，可求出 $Q^*=z^*+d(p^*)+\gamma(e^*)$，$Q^*$ 即供应链收益共享契约下，超市 S 收益最大化时的订购量。

将 (Q^*, p^*, e^*) 代入超市 S 的期望收益函数表达式（4-1），即可得超市 S 的最大化收益：

$$\prod_S^* = (\varphi p^* - w - c_r)Q^* - \varphi(p^* - v)\int_{d(p^*)+\gamma(e^*)}^{Q^*} F[x - d(p^*) - \gamma(e^*)]dx - \varphi c(e^*) \quad (6-43)$$

将(Q^*, p^*, e^*)代入合作社 C 的望收益函数表达式（6-27），即可得合作社 C 的期望收益：

$$\prod_C^* = [(1-\varphi)p^* + w - c]Q^* - (1-\varphi)(p^* - v)\int_{d(p^*)+\gamma(e^*)}^{Q^*} F[x - d(p^*) - \gamma(e^*)]dx - (1-\varphi)c(e^*) \quad (6-44)$$

在供应链收益共享契约的约束下，超市 S 的决策使供应链整体的收益与集中控制下供应链整体的收益水平一致，即使得 $\prod_L^* = \prod_S^* + \prod_C^* = \prod'_L$ 成立。要是改等式成立的必要条件就是$(Q^*, p^*, e^*) = (Q', p', e')$，即$(z^*, p^*, e^*) = (z', p', e')$ 成立。比较式(6 - 40)和式(6 - 34) 可得 $w = \varphi(c + c_r) - c_r$，比较式(6 - 41) 和式(6 - 35) 得出的结论是一致的。

将式 $w = \varphi(c + c_r) - c_r$ 代入超市 S 期望收益函数表达式（6-27）可得：

$$\prod_S = \varphi(p - c - c_r)Q - \varphi(p - v)\int_{d(p)+\gamma(e)}^{Q} F[x - d(p) - \gamma(e)]dx - \varphi c(e) \quad (6-45)$$

将式 $w=\varphi(c+c_r)-c_r$ 代入合作社 C 的期望收益函数表达式（6-28）可得：

$$\prod_C = (1-\varphi)(p - c - c_r)Q - (1-\varphi)(p - v)\int_{d(p)+\gamma(e)}^{Q} F[x - d(p) - \gamma(e)]dx - (1-\varphi)c(e) = (1-\varphi)\prod_L \quad (6-46)$$

（三）分散控制下的决策行为分析

在没有供应链收益共享契约的约束下，供应链的参与主体之间的决策行为是一个动态的 Stackelberg 博弈过程。领导者为零售商超市 S，供应商为合作社 C。在博弈的第一阶段，超市 S 根据自己所掌握的信息预测易腐农产品市场的需求，然后根据易腐农产品的市场需求来确定满足自身收益最大化的易腐农产品订购量 Q、市场零售价格 p 与自身促销的促销努力水平 e。

假设合作社 C 给出单位产品的批发价格为 w^D，在分散决策情况下，根据上述假设，可得超市 S 与合作社 C 的期望收益函数。

超市 S 的期望收益函数为：

$$\prod_S^D = (p - w^D - c_r)[z + \mathrm{d}(p) + \gamma(e)] - (p - v)\int_0^z F(\xi)\mathrm{d}\xi - c(e)$$

$$= (p - w^D - c_r)Q - (p - v)\int_{d(p)+\gamma(e)}^{Q} F[x - d(p) - \gamma(e)]\mathrm{d}x - c(e) \tag{6-47}$$

合作社 C 的期望收益函数为：

$$\prod_C^D = (w^D - c)[z + \mathrm{d}(p) + \gamma(e)] = (w^D - c)Q \tag{6-48}$$

对超市 S 的期望收益函数表达式（6-47）求关于 p、z 和 e 的一阶偏导数，即是令式中 $\varphi=1$，且令其一阶偏导数等于零，可得：

$$\frac{\partial \prod_S^D}{\partial p} = z'' + \mathrm{d}(p'') + \gamma(e'') + (p'' - w^D - c_r)\mathrm{d}'(p'') - \int_0^{z''} F(x)\mathrm{d}x = 0 \tag{6-49}$$

$$\frac{\partial \prod_S^D}{\partial z} = p'' - w^D - c_r - (p'' - v)F(z'') = 0 \tag{6-50}$$

$$\frac{\partial \prod_S^D}{\partial e} = (p'' - w^D - c_r)\gamma'(e'') - c'(e'') = 0 \tag{6-51}$$

解得：

$$p'' = \frac{z + a + bw^D + bc_r + \gamma(e) - \int_0^z F(x)\mathrm{d}x}{2b} \tag{6-52}$$

$$z'' = F^{-1}\left(\frac{p - w^D - c_r}{p - v}\right) \tag{6-53}$$

$$\frac{c'(e'')}{\gamma'(e'')}=p-w^D-c_r \tag{6-54}$$

已知 v、w、c_r 与 $c(e)$、$\gamma(e)$、$F(x)$，就可求出$(p''，z''，e'')$，p''即分散决策时，超市 S 根据自身利润最大化原则确定的单位产品市场零售价格，e''即分散决策时，超市 S 根据自身利润最大化原则确定的促销努力水平。将$(p''、z''、e'')$代入表达式 $Q=z+d(p)+\gamma(e)$，可求出 $Q''=z''+d(p'')+\gamma(e'')$，$Q''$即分散决策时超市 S 收益最大化时的订购量。

在博弈的第二阶段，合作社 C 根据超市 S 的订购量、单位产品的市场零售价格 P 与自身促销的促销努力水平$(p''，Q''，e'')$以及自己的成本确定批发价格 w。将$(p''，Q''，e'')$代入合作社 C 的期望收益函数表达式（6-45），可得：

$$\prod\nolimits_C^D=(w-c)Q''=(w-c)\left[F^{-1}\left(\frac{p''-w-c_r}{p''-v}\right)+\mathrm{d}(p'')+\gamma(e'')\right] \tag{6-55}$$

（四）供应链收益共享契约参数的分析

为了使供应链上的超市 S 与合作社 C 都能够在追求自身收益最大化的同时实现整个供应链收益最大化，如前文所给出的假设条件，双方共同协商确定收益共享。下面分析契约参数 φ 的可能取值范围。

在理性经济人的约束下，超市 S 与合作社 C 都只会考虑自身利益，所做的一切决策目的都是实现自身利益的最大化。因此，为了保证供应链的参与主体超市 S 与合作社 C 能够都接受这个收益共享契约，就要使收益共享契约下双方所获得的收益均不得小于超市 S 与合作社 C 独立决策时所获得的收益。要保证在收益共享契约的制约下供应链的超市 S 与合作社 C 的收益全是帕累托改进，就要使得以下两个不等式成立：

$\prod_S>\prod_S^{D*}$，$\prod_C>\prod_C^{D*}$

将式（6-45）代入式（6-52）可得：

$$1-\frac{\prod_C^{D*}}{\prod_L}>\varphi>\frac{\prod_S^{D*}}{\prod_L} \tag{6-56}$$

供应链零售商超市 S 与供应商合作社 C 在设计具体的供应链收益共享契约，商议契约参数 φ 的大小时。其取值范围处于上述不等式的范围之内，只有这样才能让供应链的参与主体零售商超市 S 与供应商合作社 C 都能接受这个契约。但至于 φ 到底取什么值，则要取决于超市 S 与合作社 C 各自在供应链上的地位以及相互之间的谈判能力。

五、算例分析

在这里，将用具体的额算例数值来验证供应链收益共享对供应链的协调作用。假设随机变量 ξ 服从均匀分布 $\xi \sim U(-5, 5)$，取 $c=1.5$，$c_r=0.5$，$v=1$，$a=80$，$b=10$，$\gamma(e)=e$，$c(e)=0.5e^2$，$w^D=2.5$，则有 $F(\xi)=\frac{\xi+5}{10}$，$F^{-1}(\xi)=-5+10\xi$，$\int_0^z F(\xi)d\xi=0.05z^2+0.5z$。

根据这些赋值以及表达式，代入文中相关表达式，运用 Matlab 对相关方程组求解，即可求得：$e'=3.2$，$p'=5.2$，$z'=5.2$，$Q'=33.8$，$\prod'_L=96.88$，$e''=2.6$，$p''=5.6$，$z''=0.65$，$Q''=27.25$，$\prod_S^{D*}=65.88$，$\prod_C^{D*}=27.25$，$0.68<\varphi<0.72$。综上所述，只要供应链收益共享系数 φ 满足大于 0.68，且小于 0.72，超市 S 与合作社 C 都愿意接受该供应链共享契约。当供应链收益共享系数 φ 在合理范围内时，不同取值的供应链收益共享系数 φ 对应的额各个参数也不同。对供应链收益共享契约约束下各参数的数值与分散状态下各参数的数值进行对比，如表 6-1 所示。

表 6-1 收益共享契约约束与分散状态下各参数的数值对比

φ	w	w^D	Q'	Q''	$\prod_S^*$	$\prod_C^*$	$\prod_S^{D*}$	$\prod_C^{D*}$
0.69	0.88	2.5	33.8	27.25	66.85	30.03	65.88	27.25
0.70	0.9	2.5	33.8	27.25	67.82	29.06	65.88	27.25
0.71	0.92	2.5	33.8	27.25	68.78	28.10	65.88	27.25

对比表 6-1 中的数值可以发现，在供应链收益共享契约的约束下，供应链的整体收益高于分散控制情况下的供应链的整体收益，超市 S 与合作社 C 的收益也高于分散控制情况下的各自收益。也就是说，超市 S 与合作社 C 签订供应链收益共享契约的情况下，双方所获收益都能比分散控制下双方独立做决定时获得的收益要高，且最优订货量也比分散控制情况下的多。

从图 6-3 与图 6-4 中超市 S 与合作社 C 的收益变化趋势可以看出，随着收益共享系数 φ 的增加，超市 S 与合作社 C 的收益呈反方向变化，超市 S 随着收益共享系数 φ 的增加而增加，而合作社 C 随着收益共享系数 φ 的增加而减少。此外，收益共享系数 φ 在一定程度上反映了超市 S 与合作社 C 的在供应链上的谈判能力，φ 越大，说明超市 S 在供应链上的优势地位越明显，$\varphi>0.5$ 时，说明合作社 C 的弱势地位，反之 $\varphi<0.5$ 时，说明超市 S 处于弱势地位。

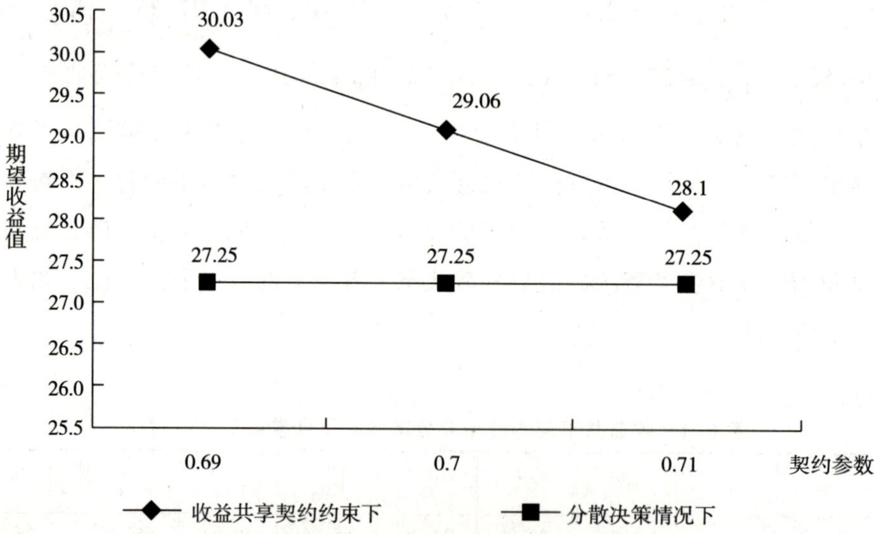

图 6-3　超市 S 期望收益对比

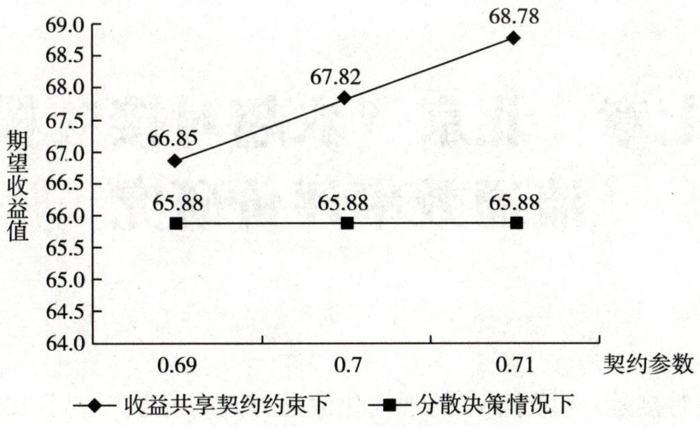

图 6-4 合作社 C 期望收益对比

六、小结

本章通过对上章基本模型进行拓展，构建了“农超对接”模式下易腐农产品的供应链收益共享契约模型，分析了集中控制、收益共享契约约束与分散控制情况下决策行为，并通过算例分析验证了收益共享契约在“农超对接”模式下供应链协调的有效性。即在保障供应链整体收益最优的条件下，超市 S 与合作社 C 签订供应链收益共享契约的情况下，双方所获收益都能比分散控制下双方独立做决定时获得的收益要高。

第七章　北京"农超对接"模式流通效率评价研究

农超对接是一种创新型的现代化流通方式，直接影响着农产品的流向和销售，其发展也为农村经济的产业化、规模化、现代化发展提供了契机。农产品流通效率作为农业发展的重要衡量指标，提高农产品流通效率对改善民生和完善市场调控等方面具有巨大的推动作用。近些年，北京作为重要的农产品集散地，逐渐形成了以批发市场为主导的流通模式、农超对接模式、以物流中心为主体的流通模式、电子商务模式等多种模式并存发展的流通框架体系，其中农超对接模式以有效降低交易成本、确保消费安全性、增加消费者实惠等特点深受热议和好评。因此，本章在了解农超对接发展机制和测算北京市农产品流通效率的基础上，进一步评估和分析北京市农超对接流通效率，从而为农超对接模式的进一步推广和完善提出建议。

本章研究的目的：第一，运用因子分析法测算北京市农产品流通效率以及运用层次分析法进行北京农超对接模式流通效率评价，以此得到农超对接在北京市实施绩效评价；第二，以问卷调查的方式探索农超对接现阶段的问题，了解目前该模式在北京发展的现状，提出可行的优化措施，为北京农产品流通的高效运行提供帮助和参考。

第一节　北京市农产品流通现状

一、研究现状

（一）国外研究现状

关于农超对接模式的研究，近些年来许多外国学者认为农产品传统市场将逐渐消失，而农产品超市会逐渐发展壮大。Reardon 等（2006）以沃尔玛等大型连锁超市为例指出农超对接模式跨越了许多中间环节，不仅可以给消费者带来更多剩余收益，还可以为超市带来生产者剩余。Stokke（2009）认为，超市能够帮助农户加入合作社并且能够在对接机制下提升农户的生产能力，虽然超市在短期内会增加成本，但长期发展下去可以获得相应的回报。

关于农产品流通效率的问题，国外部分学者最初通过生产价格和零售价格的差价来评价流通效率，后因为此方法的样本局限性，流通效率的研究转向了市场整合角度，到 20 世纪 90 年代以后“供应链”理念被引入农产品流通领域，农产品供应链管理方面的研究逐渐广泛，为农产品流通效率提供了重要的理论基础。R. V. Anrooy（2003）认为，流通效率可以通过流通过程中资源的有效配置达到“最大可能的消费者满意度”，并分别阐述了市场控制力、外部性等因素与流通效率之间的关系。Alina Sorescua（2011）等提出，农产品供应链为销售终端供应农产品的过程能够以更高的效率实现，并指出农产品供应链的完善可以更有效地满足终端消费需求。

（二）国内研究现状

国内学者对“农超对接”的研究十分广泛，在农超对接的发展历程、政策支持、供应链追溯系统、绩效评价、产品质量安全和利润分配等方面都有深入的研究。宋超、李曙光（2010）认为，农超对接的利益主体除农户、合作社、超市之外，还应该有政府、消费者及其他利益相关者，指出成功的农超对接模式是可以实现各利益主体多方共赢的。祝坤艳（2016）从农超对接的特点功能、发展机制入手，从农超对接的政府发展政策的视角进行了多角度的探究。

关于农产品流通效率的界定，国内大多数学者都是将流通业整体的流通效率直接应用于农产品领域，比较笼统模糊。另外，对于农产品流通效率评价模型和指标的选定，国内学者的评价方法各异。张磊等（2011）提出通过市场整合度、市场集中度、技术效率、消费者满意度、流通差价、交易费用、流通时间七大指标对农产品流通效率进行综合分析。孙剑（2011）以因子分析法为研究方法分析了我国农产品流通效率的变化趋势，指出我国农产品流通效率呈总体上升趋势并预测未来会在小范围内波动。吕丹（2013）通过层次分析法和模糊评价定量分析了农产品流通效率各指标的权重和影响力评估。周峻岗（2015）运用数据包络分析方法对比了农超对接等五种流通模式的流通效率，将物质与服务费用、人工成本、土地成本、净利润、成本利润率等作为指标进行计算分析。

（三）关于研究现状的评述

在现有的文献中，有关农超对接的研究有很多，但大多是从理论层面进行现状和问题分析。对农产品流通效率的研究也主要是针对流通效率影响因素的探究且大多以定性分析为主，不同的文章运用了不同的模型方法和指标体系对我国农产品流通效率进行分析，但都是从宏观角度评价，把具体的农产品流通模式与流通效率相结合的研究较少，此方面有很大的研究空间。

二、北京农产品流通特点

（一）对外依存度高

据统计，截至 2015 年底，北京常住人口达到 2170.5 万人，农业从业人员只有 50.3 万人，占总数的 2.32%，因其特殊的地理位置和政治职能，北京没有大规模的农业种植，庞大的人口数量所带来的巨大的农产品需求与本地农产品供给形成了巨大的反差，因此北京农产品主要依靠外埠供应。北京农产品供应对外依存度高，河北省和山东省是主要的供应地，每天大量的农产品运输车辆进京给北京市的交通管制也带来了压力。

（二）农产品市场专业化程度较高

近些年来北京农产品市场整合速度加快，根据北京市统计年鉴统计，北京农产品综合市场数量和农产品专业市场数量，自 2008 年以来，逐渐减少，如图 7-1 所示。经过市场整合，北京农产品市场数量下降，规模化趋势加强，专业化程度提高，现已形成例如北京新发地、大洋路、岳各庄等大型农产品市场。

（三）现代化流通模式发展迅速

“十二五”以来，在提升传统农产品流通模式的基础上，北京致力于农超对接模式、场店对接模式、以龙头企业为核心的流通模式、电子商务模式等现代流通模式的推广发展，将现代企业、先进的物流和信息技术融入农产品流通中，“十二五”时期现代流通模式交易量上升至 30%。

三、北京农产品流通效率测算

（一）模型建立和指标选择

本部分采用因子分析法，结合北京市统计年鉴数据对北京市农产品流通效率进行实证分析。目前，一些学者对我国流通效率评价测算指标

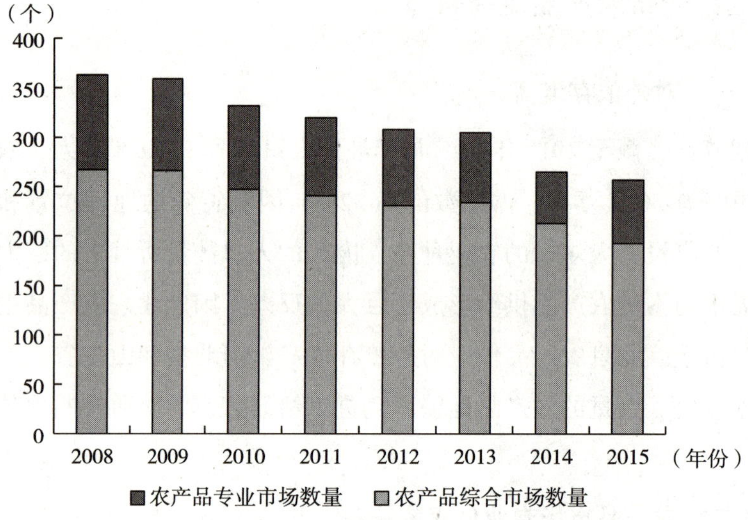

图 7-1　2008~2015 年北京市农产品市场数量

进行了研究，本部分结合已有的一些研究成果，并根据北京农产品流通统计数据的可得性和便捷性，从农产品流通速度、流通经济效率和农产品流通业发展状况三个方面构建北京农产品流通效率测算指标体系，如表 7-1 所示。其中，农产品流通速度的指标包括固定资产周转率、流动资产周转率和总资产周转率，流通经济效率的指标包括利润率、成本利润率和资产净利率，农产品流通业发展状况指标有总资产增长率。

表 7-1　北京农产品流通效率测算指标体系

变量	指标	指标公式
X_1	固定资产周转率	限额以上农产品批零业主营业务收入/固定资产
X_2	流动资产周转率	限额以上农产品批零业主营业务收入/流动资产
X_3	总资产周转率	限额以上农产品批零业主营业务收入/资产总额
X_4	利润率	限额以上农产品批零业利润/主营业务收入
X_5	成本利润率	限额以上农产品批零业利润/主营业务成本
X_6	资产净利率	限额以上农产品批零业利润/资产总额
X_7	总资产增长率	限额以上农产品批零业总资产增长额/上年度资产总额

依据2009~2016年北京市统计年鉴，同时考虑到统计年鉴数据统计的局限性和为了测算简明，本部分将农产品批零业转化为农、林、牧产品批发，具体指标值如表7-2所示。

表7-2　2008~2015年北京农产品流通效率测算指标数据

年份	X_1	X_2	X_3	X_4	X_5	X_6	X_7
2008	5.531	1.379	0.506	0.026	0.027	0.013	-0.066
2009	4.583	0.897	0.333	0.085	0.091	0.028	0.202
2010	7.945	0.980	0.512	0.024	0.026	0.012	0.081
2011	29.325	1.176	0.636	0.016	0.017	0.010	0.003
2012	33.511	1.436	0.723	0.025	0.026	0.018	0.051
2013	30.954	1.105	0.560	0.083	0.086	0.047	0.225
2014	37.767	1.072	0.570	0.028	0.028	0.016	0.146
2015	40.417	1.279	0.617	0.042	0.043	0.026	-0.042

（二）因子分析法测算过程

本部分利用SPSS软件对表7-2数据进行因子分析，测算过程如下：

首先，对变量进行KMO和Bartlett的球形检验，检验变量间是否具有相关性，结果显示显著性水平Sig.小于0.05，表明变量差异显著，适合进行因子分析。

其次，通过因子分析的主成分分析和最大方差法，可以得到特征值及公因子的负荷系数矩阵。结果显示，两个公因子的特征值分别是4.209和1.759，都大于1，符合要求，并且两个公因子的累计方差贡献率达到85.248%。因此，这两个公因子可以反映和代替七个变量的数据特征，输出结果如表7-3所示。通过负荷系数矩阵（表略）可以得到，第一个因子F_1对X_4、X_5、X_6、X_7有绝对值较大的负荷系数，第二个因子F_2对X_1、X_2、X_3有绝对值较大的负荷系数。所以，测算北京农产品流通效率的七个变量可以减少为两个，即F_1、F_2。

表 7-3　因子分析方差解释表

成分	初始特征值			提取平方和载入			旋转平方和载入		
	合计	方差的%	累积%	合计	方差的%	累积%	合计	方差的%	累积%
1	4. 209	60. 125	60. 125	4. 209	60. 125	60. 125	3. 621	51. 724	51. 724
2	1. 759	25. 123	85. 248	1. 759	25. 123	85. 248	2. 347	33. 524	85. 248
3	0. 729	10. 419	95. 666						
4	0. 203	2. 904	98. 570						
5	0. 072	1. 028	99. 599						
6	0. 028	0. 401	100. 000						
7	1. 689E-6	2. 413E-5	100. 000						

再次，进行因子分析后会得到因子得分信息表，因子得分信息如表 7-4 所示。

计算出两个公因子的权重，F_1的权重为 51. 724/85. 248 = 0. 607，F_2的权重为 33. 524/85. 248 = 0. 393。

表 7-4　2008~2015 年北京市农产品流通效率值

年份	因子 F_1	因子 F_2	流通效率 E
2008	-1. 051	-0. 551	-0. 854
2009	1. 074	-1. 646	0. 005
2010	-0. 689	-1. 063	-0. 834
2011	-0. 833	0. 271	-0. 399
2012	-0. 358	1. 205	0. 254
2013	1. 853	0. 571	1. 349
2014	-0. 069	0. 239	0. 052
2015	0. 073	0. 974	0. 427

最后，结合公因子权重和因子得分信息，根据公式：北京农产品流通效率 $E=0.607F_1+0.393F_2$，可以得到 2008~2015 年北京市农产品流通效率测算结果如表 7-4 所示。

（三）北京市农产品流通效率分析

根据表 7-4 结果绘制出 2008~2015 年北京农产品流通效率发展变化折线图，如图 7-2 所示。可以看出，2008 年以来，随着北京社会经济的发展，北京农产品流通效率呈波动上升趋势，而自 2008 年至今正值北京开始推行农超对接流通模式。近八年来，农超对接在北京的深入发展对北京农产品流通效率的贡献不容忽视。

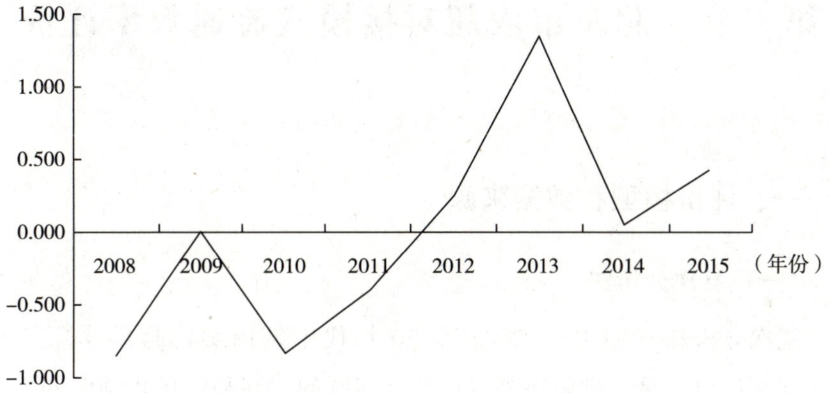

图 7-2　2008~2015 年北京市农产品流通效率趋势

四、北京市农超对接模式发展基本情况

商务部和农业部自 2008 年开始进行农超对接试点工作的部署，北京是推广农超对接模式的一个非常重要的参与省市。虽然批发市场仍然是北京农产品供应的主要流通方式，但近几年农超对接流通模式发展势头强劲，供应链日趋成熟。北京市连锁超市通过农超对接渠道直接采购果蔬，能够降低果蔬经营成本 10%~15%，超市农超对接的农产品销售价格比市场平均价低 15%左右。在北京，通过超市到达消费者手中的农产品所占比重仅次于传统农贸市场，已经成为农产品第二大零售终端。

北京市政府对农超对接扶持力度很大，北京早在 2010 年就制定了农超对接项目扶持政策，为其他省市提供了借鉴。一方面，政府在财政、税收等方面出台了一系列相关补贴和扶持举措；另一方面，政府鼓励促成各农民专业合作社和超市之间的对接，为双方合作牵线搭桥。凭借北京强大的经济发展实力，北京农超对接模式发展迅速，在北京农产品流通效率优化方面已初显成效，迎合了现今追求“品质型”消费的发展趋势。

第二节　北京市农超对接模式流通效率评价

一、评价模型和数据来源

（一）层次分析法

层次分析法（AHP），20 世纪 70 年代中期由美国运筹学家托马斯·塞蒂提出，是一种解决多目标复杂问题的定性和定量相结合的、系统化、层次化的分析方法。

北京农超对接模式流通效率评价是在复杂的指标体系的基础上进行的，有些指标在现实中难以统计量化和函数化，本部分利用层次分析法，依据北京农超对接模式流通效率的影响因素构建指标体系，通过指标权重和问卷调查数据对北京农超对接模式流通效率进行评价研究。

（二）指标体系构建

本部分评价指标体系的设计以科学性、合理性、完备性、可获得性和易操作性为原则，选取生产效率评价、对接机制评价、市场效益评价作为“北京市农超对接流通效率”的准则层，并设计 9 个相关指标作为评估层，如表 7-5 所示。

表 7-5 "北京市农超对接流通效率"评价指标体系

目标层	准则层	评估层
北京市农超对接流通效率	生产效率评价	组织化程度
		生产技术应用
	对接机制评价	合作稳定性
		流通速度
		产品完好率
		信息共享度
	市场效益评价	产品新鲜度
		需求满意度
		产品可追溯度

生产效率评价指标与农户息息相关，农产品生产过程的效率对农超对接有着直接的影响。组织化程度是描述农户生产的联合化、规模化程度，组织化程度越高，农超对接的可能性和稳定性越大，流通效率越高；生产技术应用水平决定着农产品生产的产量、质量和生产效率，影响着农超对接模式的农产品供应。

对接机制评价是超市与农户或农民专业合作社之间联系程度的评价指标，也是评价农超对接模式中农产品采购配送流通环节的重要内容。合作稳定性指的是超市与农户、合作社之间通过合约建立的购销关系是否长期稳定，合作稳定，超市才能长期有质优价廉的供货源。流通速度是农产品在物流配送等流通环节的效率指标，直接体现着农超对接模式农产品流通的时效性。产品完好率与农产品最终销售价格关系密切，农产品在运输途中易损坏，损耗越大销售成本越高农产品售价也越高。信息共享程度是指超市在获取信息方面有较大优势，超市与农户之间市场信息的共享程度和透明程度反映着双方的对接效率。

市场效益评价是对农超对接模式终端农产品销售运营环节的评估，直接反映着消费者的意愿和满足程度。产品的新鲜度是农超对接市场效益评价的一项重要内容，农超对接的农产品在新鲜度上应该比其他流通渠道有优势；需求满意度则是反映消费者对农超对接农产品在价格、品质和超市服务等方面的整体满意情况；产品可追溯度指在消费者购买农产品遇到质量问题时能否及时准确地找到问题的责任人，这体现了农超对接模式农产品供应链的完备性。

（三）数据来源

层次分析法权重分析的数据来自对7位专家学者和超市负责人的问卷调查（见附录）。根据评价指标体系，设计出4个权重表格，专家需采用两两比较的方法填写指标间的重要性标度。在对7份调查问卷的整理综合后得到准则层和评估层的4个两两比较判断矩阵，如表7-6、表7-7、表7-8、表7-9所示。

表7-6　准则层两两比较判断矩阵

	生产效率评价	对接机制评价	市场效益评价
生产效率评价	1	1/3	1/5
对接机制评价	3	1	1/2
市场效益评价	5	2	1

表7-7　生产效率评价两两比较判断矩阵

	组织化程度	生产技术应用
组织化程度	1	1
生产技术应用	1	1

表7-8　对接机制评价两两比较判断矩阵

	合作稳定性	流通速度	产品完好率	信息共享度
合作稳定性	1	1/2	1/3	1
流通速度	2	1	1/2	2
产品完好率	3	2	1	3
信息共享度	1	1/2	1/3	1

表 7-9　市场效益评价两两比较判断矩阵

	产品新鲜度	需求满意度	产品可追溯度
产品新鲜度	1	1/2	4
需求满意度	2	1	6
产品可追溯度	1/4	1/6	1

为确保数据的客观性、真实性，本部分通过实地调研获取第一手数据资料，并且本书以北京地区永辉超市农超对接为例进行问卷调查，以此了解北京市农超对接模式流通效率的基本情况。本部分选取永辉超市为调查对象主要是原因是：第一，永辉超市是我国“农改超”的推广典范，其农超对接模式在北京地区十分典型，因此以永辉超市为例进行调查具有一定的代表性；第二，自 2009 年永辉超市进入北京以来，其发展迅速，目前在北京地区已扩展到 36 家门店，分布于北京市 10 个城区，调查数据能够较好地反映整个北京市的农超对接模式。

根据农超对接模式的特点以及评价指标体系，本部分针对农户、超市、消费者三大主体进行问卷设计（见附录），对北京地区永辉超市的农超对接工作人员进行“对接机制评价”的问卷调查，对与永辉超市存在合作关系的农户进行“生产效率评价”的问卷调查，对北京永辉超市的广大消费者进行“市场效益评价”的问卷调查。问卷中，针对评估层各流通效率评价指标采取十分制的评分方法，对调查对象打分的平均值进行数据计算。

二、权重计算

本部分计算各指标权重运用规范列平均法，以计算准则层的生产效率评价、对接机制评价、市场效益评价对北京市农超对接流通效率的权重为例，进行详细的权重计算过程的展示。

首先计算矩阵每一列的总和，再将两两比较判断矩阵的每一个元素除以其所在列的总和从而得到标准两两比较矩阵，最后计算出行平均值，0.110、0.309 和 0.581 即为生产效率评价、对接机制评价、市场效益评价对北京市农超对接流通效率的权重，且三个权重所组成的向量称为特征向量。如表 7-10 所示。

表 7-10　准则层各指标权重值

北京市农超对接流通效率	生产效率评价	对接机制评价	市场效益评价	权重（行平均值）
生产效率评价	0. 111	0. 1	0. 118	0. 110
对接机制评价	0. 333	0. 3	0. 294	0. 309
市场效益评价	0. 556	0. 6	0. 588	0. 581

应用两两比较判断矩阵之前还需要检验其一致性。

第一步，将两两比较判断矩阵乘以其特征向量，得到赋权和向量：

$$\begin{pmatrix} 1 & 1/3 & 1/5 \\ 3 & 1 & 1/2 \\ 5 & 2 & 1 \end{pmatrix} \times \begin{pmatrix} 0.110 \\ 0.309 \\ 0.581 \end{pmatrix} = \begin{pmatrix} 0.329 \\ 0.930 \\ 1.749 \end{pmatrix};$$

第二步，赋权和向量的元素分别除以其相对应的特征向量的元素，即 0. 329/0. 110=2. 991、0. 930/0. 309=3. 010、1. 749/0. 581=3. 010；

第三步，计算出第二步所求结果的平均值，$\lambda max=(2.991+3.010+3.010)/3=3.004$；

第四步，根据一致性指标公式 $CI=(\lambda max-n)/(n-1)$，计算得到 $CI=0.002$；

第五步，计算一致性率 CR=CI/RI，其中 RI 是自由度指标，其取值如表 7-11 所示。则 RI=0. 002/0. 58=0. 003。一般认为，RI≤0. 1 则被检验的两两比较判断矩阵满足一致性要求，因此准则层三个指标的两两比较判断矩阵的一致性可以接受，其计算出的权重是有效的。

表 7-11　由度指标 RI 取值

维数 n	1	2	3	4	5	6	7	8	9
RI	0. 00	0. 00	0. 58	0. 96	1. 12	1. 24	1. 32	1. 41	1. 45

通过上述计算方法，同理可以求出评估层各指标的权重，具体数值如表 7-12 所示。

表 7-12 各评价指标权重

目标层	准则层	评估层
北京市农超对接流通效率	生产效率评价（0.110）	组织化程度（0.500）
		生产技术应用（0.500）
	对接机制评价（0.309）	合作稳定性（0.141）
		流通速度（0.263）
		产品完好率（0.455）
		信息共享度（0.141）
	市场效益评价（0.581）	产品新鲜度（0.324）
		需求满意度（0.587）
		产品可追溯度（0.089）

三、数据分析

（一）生产效率评价数据分析

针对农户发放的生产效率评价的有效问卷总共有 60 份，问卷数据显示，农户基本上是中老年，而且都认为参与农超对接后收入比之前有所提高，利益得到保障。生产效率评价指标问卷数据如表 7-13 所示。

表 7-13 生产效率评价各指标得分

指标	初始得分（平均分）	权重	最终得分
组织化程度	5.717	0.500	2.859
生产技术应用	6.900	0.500	3.450
生产效率评价	2.859+3.450=6.309		

根据表 7-13 初始得分显示，农超对接中，农户的组织化程度得分在中等位置，但相比较还是较低，说明农户生产仍然较为分散，规模化

和集约化程度不高；农户生产技术应用程度的得分较高，反映农业生产技术的普及推广很有成效，能够保障农产品供应。

（二）对接机制评价数据分析

对接机制评价的调查对象是农超对接的超市工作人员，回收有效调查问卷共 82 份，填写问卷的男女比例为 1.216：1。对接机制评价指标得分情况如表 7-14 所示。

表 7-14　对接机制评价各指标得分

指标	初始得分（平均分）	权重	最终得分
合作稳定性	6.500	0.141	0.917
流通速度	6.744	0.263	1.774
产品完好率	5.305	0.455	2.414
信息共享度	5.146	0.141	0.726
市场效益评价得分	0.917+1.774+2.414+0.726=5.831		

从表 7-14 可看出，流通速度指标得分最高，体现了北京市农超对接模式流通环节的高效性；超市与农户间合作的稳定性程度也较高，保证了超市农产品的供应；农产品完好率得分偏低，说明还需要进一步完善物流基础设施，减少损耗；信息共享度得分最低，分数刚刚过 5 分，说明超市对已获得的市场信息没有有效地与农户等主体共享，农超对接模式在信息建设方面还有待提高。

（三）市场效益评价数据分析

市场效益评价调查问卷的发放对象是北京地区购买永辉超市农超对接产品的广大消费者，共收到有效问卷 265 份。根据问卷发放情况显示，调查问卷发放对象的年龄分布较为均匀，30 岁以下的 25.28%，30~50 岁的 38.49%，50 岁以上的 36.23%，符合现实情况。此外，填写问卷的消费者的地区分布基本涵盖了永辉超市所在区域，具体分布情况如表 7-15 所示。通过对问卷数据的整理，市场效益评价数据如表 7-16所示。

表 7-15 问卷调查对象区域分布

北京城区	永辉超市门店数（个）	被调查人数（人）	人数比例（%）
朝阳	8	52	19.62
丰台	6	32	12.08
海淀	4	33	12.45
昌平	4	29	10.94
大兴	4	31	11.70
通州	3	24	9.06
房山	2	23	8.68
顺义	2	21	7.92
石景山	2	12	4.53
东城	1	8	3.02
合计	36	265	100

表 7-16 市场效益评价各指标得分

指标	初始得分（平均分）	权重	最终得分
产品新鲜度	6.849	0.324	2.219
需求满意度	7.125	0.587	4.182
产品可追溯度	5.468	0.089	0.487
市场效益评价得分	2.219+4.182+0.487=6.888		

由表 7-16 指标初始得分可以看出，消费者购买农超对接农产品的需求满意度得分最高，说明农超对接的农产品的价格、质量等方面能够较好地满足北京市消费者多样化、安全化、营养化的需求；农产品的新鲜度得分较高，体现了农超对接模式在农产品保鲜方面存在优势；产品可追溯度得分偏低，反映出农超对接供应链在质量追溯和问责方面还存在问题。

（四）北京市农超对接模式流通效率评价数据分析

如表 7-17 所示，通过评估层各指标得分和权重，可以计算出生产效率评价总得分为 6.309，对接机制评价总得分为 5.831，市场效益评价总得分为6.888，进而能够得到北京农超对接模式流通效率评价总得分为6.498，超过了5分，说明北京农超对接流通模式总体效率较高。相比较而言，市场效益评价分数最高，说明北京市农超对接模式能够较好地满足广大消费者的需求，得到了市场的认可；对接机制评价得分较低，反映出农超对接模式下超市与农户的对接还不够紧密，供应链体系还有待完善。

表7-17　北京市农超对接模式流通效率评价得分

指标	初始得分	权重	最终得分
生产效率评价	6.309	0.110	0.694
对接机制评价	5.831	0.309	1.802
市场效益评价	6.888	0.581	4.002
北京市农超对接模式流通效率评价得分	0.694+1.802+4.002=6.498		

四、研究结论

结合农产品流通效率影响因素和北京市农超对接发展特点，本部分设计了北京市农超对接流通效率评价指标体系，以永辉超市为例，结合问卷调查运用层次分析法对北京市农超对接模式流通效率进行了评价，结论如下：

第一，综合各方评价，北京农超对接模式流通效率评价较高，但仍然有较大的上升空间。

第二，北京农超对接模式的生产效率和市场效益评价较高，但对接机制方面还不尽完善，农产品损耗和信息共享方面问题突出。

第三，农户在参与农超对接后收益普遍改善，农业技术应用水平明显增强，但农户的组织化程度还有待提高，农民专业合作社建设还需进一步加强。

第四，北京消费者对农超对接评价较高，但在产品追溯方面评分偏低。

五、北京市农超对接模式流通效率优化对策建议

（一）加强农民专业合作社能力建设

北京的农民专业合作社发展还处于初级阶段，还有一大部分分散农户没有参与进来，并且合作社在组织管理、议价能力、规模服务等方面还存在相应的问题，制约北京市农超对接流通效率。关于农民专业合作社的完善问题，其一，要积极吸收小户散农加入其中，也要加强合作社之间的联合重组，增强规模化和集约化程度，做大做强一部分示范效应的合作社来带头发展。其二，要加快自身能力建设，注重人才引进和人员培训，尤其是管理人才和技术人才，使合作社成为一个有明确目标章程、有规范化管理的组织。此外，合作社应该提高创新能力，大力推行高品质的标准化生产以形成特色的农产品自主品牌。农民专业合作社建设有助于改善农户在农超对接供应链中的地位和利益分配，有利于实现农户与超市之间更紧密的对接合作，从而提高流通效率。

（二）完善物流体系建设

农产品在运输过程中的损坏率与物流体系息息相关，我国鲜活农产品的损耗率大约是25%，而发达国家只有5%左右，我国在物流方面存在较大的问题，北京也不例外。在配送方面，要将传统的“超市各分店—供应商”模式转变为“配送中心—供应商”模式，由各分店将每天的农产品采购计划提交给配送中心，配送中心汇总后进货，然后配送至各门店，这种配送模式节约了交易成本，提高了配送效率。无论是超市自建物流体系，还是采用第三方物流，都要对物流基础设施有高标准要求，做好冷链物流基础设施建设，对配送的冷藏车安装温度控制系统，针对不同种类的农产品设定最适宜的保存温度，减少农产品在运输中的损耗，有效降低成本，对流通效率的优化有积极的促进作用。

（三）建立信息服务平台健全追溯体系

农产品流通包括商流、物流、资金流和信息流，信息不仅能够减少生产者非理性市场预期，还有利于建立科学规范的农产品流通市场，因此信息共享对农超对接流通效率的优化至关重要。超市作为农超对接的主导者，应该牵头建立健全整个农超对接供应链的信息共享机制。超市与上游农户或合作社要加强信息交流和共享，超市要将市场销售信息实时更新、传递，还可以对信息进行进一步的统计预测，生产者在获得实时信息后更好地指导生产。此外，面对北京交通管制和运输压力，农产品物流信息管理系统的开发运营也十分重要，利用定位系统和射频识别，能够对物流进行定位、监控，实现物流信息的可视化管理。

质量安全追溯信息系统需要农产品生产者与超市共同参与进来，在生产、运输、销售环节进行农产品的质量抽检，实时记录全过程的质量追溯信息，一方面确保农产品的质量安全，另一方面保证消费者在遇到质量问题时能够及时得到追溯信息并解决问题。

（四）充分发挥政府在农超对接供应链中引导的作用

北京农超对接由试点到推广发展离不开政府的扶持，进一步优化北京市农超对接流通效率更需要政府的积极引导，使政府真正参与到农超对接的各个环节和发展环境中。

其一，在农民专业合作社方面，政府需要积极引导合作社建设，在减免税收扶持发展的同时，还应帮忙引进区域外人才，使合作社在生产、管理、财务、质量检测等各个方面实现优化升级。

其二，对于超市和合作社双方的对接，政府不仅可以通过建设供销信息共享网络平台为双方合作牵线搭桥，还应该进一步加强双方的互动和信任，促进对接合作的稳定性。

其三，农超对接的基础设施建设不容忽视，政府应该对从农产品生产到销售整个过程的基础设施进行相应的投资建设或补贴扶持。

其四，关于农超对接模式中农产品的质量检验，政府需要大力监管，奖罚分明，引导农产品安全质量追溯体系的建立健全。

其五，在外部环境方面，政府对合作社和超市的融资政策支持以及为农产品运输开通绿色通道的交通政策支持，都会对农超对接流通效率的提高起到促进作用。

政府要充分发挥在农超对接供应链中的引导作用，根据北京农超对接发展的基本情况和实际问题采取多种调控手段，对供应链中各主体的行为进行适当的干预，起到指导和制约作用。

第八章　本书结论

本书发现，北京农产品市场是多层次与多样化的，独立的组织根本无法满足市场需求，同时在市场中占据很小的份额，加强农户联盟不仅能提高自身实力，同时满足市场需求，增强自身的市场份额是很重要的。但北京农产品供应链联盟模式却也存在一些现实问题，人才短缺、科技落后、物流体系信息化程度低，合作机制不稳定等问题制约着农产品供应链联盟更进一步发展。

本书从农产品供应链的视角，研究农产品在流通过程中参与主体之间的纵向联盟。在系统的归纳现有国内外农户联盟的模式和相关案例的基础上，探究了北京当地的新型经营体系视角下农户联盟模式，包括：培育农户——青年化与职业化；留住人才——龙头企业与院校对接；管理联盟组织——农协会、职业经理、联合社；农户联盟模式之一，农业职业经理人+小规模兼业农户+农业服务体系；农户联盟模式之二，联合社大管家+以某种服务为主的农民专业合作社+职业农民——借鉴工业流水线方式；农户联盟模式之三，村级农协会+镇级农协会+区级农协会体系；农户联盟模式之四，综合性农民组织（微笑曲线，加强利润高的领域合作）等。

但从农户的角度出发，我们发现，北京农户参与农产品供应链联盟主要通过三种模式：批发市场主导型模式、龙头企业主导型模式、合作社主导型模式。

通过运用沙普利值法对农产品供应链联盟上述主要的三种模式的利

润分配进行研究。我们发现农户参与合作社主导型、批发市场主导型、龙头企业主导型农产品供应链联盟时，农户参与三级农产品供应链联盟时的利润分配大于农户仅仅参与二级农产品供应链联盟的利润分配，即农户参与合作社主导型农产品供应链联盟模式的利润分配高于农户参与批发市场主导型农产品供应链联盟模式和龙头企业主导型农产品供应链联盟模式的利润分配。因此，对于农户来说，与合作社合作优于与批发市场和龙头企业合作，批发合作社主导的三级农产品供应链模式对农户的吸引力最大。

但该模型也存在一些局限性。农户、合作社与企业参与到供应链中进行联盟是有风险的，不一定能联盟成功，而 Shapley 值模型假定该联盟的成功率是 100%的。

所以，本书进一步对模型进行了改进，通过构建和改进供应链利润分配新模型，建立合理的利益分配机制，促使利益在各个成员之间达到均衡，使作为农产品供应链最上游的农户所得利益得到保障。通过模型分析我们得出，可以通过扩大农户联盟自己本身的规模，提高自己在整条供应链中的话语权，也可以通过省去供应链的中间商，在供应链中进一步引入第三方物流来实现利益分配的提高。

然而，“农超对接”是在供应链中省去了很多中间商，使农户和超市直接对接，农产品“农超对接”流通模式受到越来越广泛的应用。“农超对接”的主要载体为易腐农产品，本书以报童模型与供应链收益共享为基础，并以最大化供应链整体与各参与成员的期望收益为目标，研究在“农超对接”流通模式下的易腐农产品供应链收益共享契约。构建了“农超对接”模式下易腐农产品的供应链收益共享契约模型，分析了集中控制、收益共享契约约束与分散控制情况下决策行为，并通过算例分析验证了收益共享契约在“农超对接”模式下供应链协调的有效性。即在保障供应链整体收益最优的条件下，我们发现超市与合作社签订供应链收益共享契约的情况下，双方所获收益都能比分散控制下双方独立做决定时获得的收益要高。

我们对北京农超对接模式流通效率进行研究，结果显示，北京农超对接模式总体效率评价较高，但在农户组织化程度、农产品损耗、信息共享等方面还存在问题。

综上所述，农户联盟是农产品供应链的重要模式，“农超对接”是最为直接的一个提高流通效率和农户利益分配的重要方式之一。但是，就北京地区的案例和调查研究看，还有很多有待改善的地方。从政策引导和平台支持等各方面全面的配合，合理、公平、公正地分配农产品供应链联盟的合作利润，保证联盟合作的持久与稳定，提高供应链整体利益。

附录

北京农超对接模式流通效率评价指标权重专家调查问卷

尊敬的专家：

您好！

我是北京工商大学贸易经济专业本科生，现对北京农超对接模式流通效率评价进行研究。您是这方面的专家，请您在百忙之中抽出一些时间填写本问卷，您的帮助将会让本研究更具参考价值。由衷地感谢您的支持！

填写说明：

1. 请用两两比较法填写表3至表6，两两比较法通常采用1~9的比例标度来衡量指标之间的相对重要性，具体标准如表1所示。

表1 具体标准

重要性比较笨标度 a_{ij}	比较的含义
1	第i个元素与第j个元素一样重要
3	第i个元素比第j个元素稍微重要
5	第i个元素比第j个元素明显重要
7	第i个元素比第j个元素强烈重要
9	第i个元素比第j个元素极端重要
2、4、6、8	i与j的比较介于上述各等级程度之间
上述各数的倒数	i与j比较的判断标度为 a_{ij}，则j与i比较的判断标度为 $a_{ji}=1/a_{ij}$

例如：表 1 中，如果认为生产效率评价比对接机制评价稍微重要，则填“3”；如果认为对接机制评价比生产效率评价稍微重要，则填“1/3”。

2. 表 2 是评价指标体系，可供参考。

表 2　具体指标体系

目标层	准则层	评估层
北京市农超对接流通效率	生产效率评价	组织化程度
		生产技术应用
	对接机制评价	合作稳定性
		流通速度
		产品完好率
		信息共享度
	市场效益评价	产品新鲜度
		需求满意度
		产品可追溯度

表格填写：

表 3　准则层两两比较判断矩阵

重要性标度		j 因素		
		生产效率评价	对接机制评价	市场效益评价
i 因素	生产效率评价	\		
	对接机制评价	\	\	
	市场效益评价	\	\	\

表 4　生产效率评价指标两两比较判断矩阵

重要性标度		j 因素	
		组织化程度	生产技术应用
i 因素	组织化程度	\	
	生产技术应用	\	\

表 5　对接机制评价两两比较判断矩阵

重要性标度		j 因素			
		合作稳定性	流通速度	产品完好率	信息共享度
i 因素	合作稳定性				
	流通速度				
	产品完好率				
	信息共享度				

表 6　市场效益评价两两比较判断矩阵

重要性标度		j 因素		
		产品新鲜度	需求满意度	产品可追溯度
i 因素	产品新鲜度			
	需求满意度			
	产品可追溯度			

“北京农超对接流通效率评价”农户调查问卷

尊敬的农户：

您好！

本调查问卷针对北京农超对接流通效率评价问卷中的农户部分，您的认真填写对本研究非常有意义。十分感谢您的参与！

1. 您的年龄是（　　）。

A. 30 岁以下　　B. 30~50 岁　　C. 50 岁以上

2. 您参与农超对接后，收入和以前相比的变化是（　　）。

A. 收入提高　　B. 收入不变　　C. 收入降低

3. 请您为目前农产品生产的组织化程度打分（　　）。

A. 1　　B. 2　　C. 3　　D. 4

E. 5　　F. 6　　G. 7　　H. 8

I. 9　　J. 10

4. 请您为农超对接的农产品生产技术应用水平打分（　　）。

A. 1　　B. 2　　C. 3　　D. 4

E. 5　　F. 6　　G. 7　　H. 8

I. 9　　J. 10

“北京农超对接流通效率评价”超市员工调查问卷

尊敬的超市员工：

您好！

本调查问卷针对北京市农超对接流通效率评价问卷中的超市部分，您的认真填写对本研究非常有意义。十分感谢您的参与！

1. 您的性别是（　　）。

A. 男　　B. 女

2. 请您为农超对接中超市与农户（或合作社）合作的稳定性打分（　　）。

A. 1　　B. 2　　C. 3　　D. 4　　E. 5

F. 6　　G. 7　　H. 8　　I. 9　　J. 10

3. 请您为农超对接中农产品的流通速度打分（　　）。

A. 1　　B. 2　　C. 3　　D. 4　　E. 5

F. 6　　G. 7　　H. 8　　I. 9　　J. 10

4. 请您为农超对接流通中农产品完好程度打分（　　）。

A. 1　　B. 2　　C. 3　　D. 4　　E. 5

F. 6　　G. 7　　H. 8　　I. 9　　J. 10

5. 请您为农超对接模式下超市与农户（或合作社）之间信息的共享程度打分（　　）。

A. 1　　B. 2　　C. 3　　D. 4　　E. 5

F. 6　　G. 7　　H. 8　　I. 9　　J. 10

"北京农超对接流通效率评价"消费者调查问卷

尊敬的消费者：

您好！

本调查问卷针对北京市农超对接流通效率评价问卷中的消费者部分，您的认真填写对本研究非常有意义。十分感谢您的参与！

1. 您的年龄是（　　）。

A. 30岁以下　　B. 30~50岁　　C. 50岁以上。

2. 您所在的地区是（　　）。

A. 朝阳区　B. 丰台区　C. 海淀区　D. 昌平区　E. 大兴区

F. 通州区　G. 房山区　H. 顺义区　I. 石景山区　J. 东城区

3. 请您为农超对接农产品新鲜程度打分（　　）。

A. 1　B. 2　C. 3　D. 4　E. 5

F. 6　G. 7　H. 8　I. 9　J. 10

4. 请您为农超对接农产品对您需求的满足程度打分（　　）。

A. 1　B. 2　C. 3　D. 4　E. 5

F. 6　G. 7　H. 8　I. 9　J. 10

5. 请您为农超对接农产品质量安全的可追溯程度打分（　　）。

A. 1　B. 2　C. 3　D. 4　E. 5

F. 6　G. 7　H. 8　I. 9　J. 10

参考文献

[1] Anrooy, R. V. Vertical Cooperation and Marketing Efficiency in the Aquaculture Products Marketing Chain: a National Perspective from Vietnam [R/OL]. FAO working paper, 2003.

[2] Arshinder, K., Kanda, A., Deshmukh, S. G. A Review on Supply Chain Coordination: Coordination Mechanisms, Managing Uncertainty and Research Directions [M]. Supply Chain Coordination under Uncertainty. Springer Berlin Heidelberg, 2011: 82.

[3] Boehlje, M., Schrader, L. F., Royer, J. S., et al. The Industrialization of Agriculture: Questions of Coordination [M]. Washington, 1998.

[4] Burer, S., Jones, P. C., Lowe, T. J. Coordinating The Supply Chain in the Agricultural Seed Industry [J]. *European Journal of Operational Research*, 2008 (185): 354. -377.

[5] Cachon, G. P., Lariviere, M. A. Supply Chain Coordination with Revenue-Sharing Contracts: Strengths and Limitations [J]. *Management Science*, 2005, 51 (1): 30-44.

[6] Cachon, G. P., Lariviere, M. A. Turning the Supply Chain into a Revenue Chain [J]. *Harvard Business Review*, 2001, 79 (3): 20-21.

[7] Cachon, G. P., Lariviere, M. A. Contacting to Assure Supply: How to Share Demand Forecast in a Supply Chain [J]. *Management Science*, 2001, 47 (5): 629-646.

[8] Cachon, G. P. Supply Chain Coordination with Contracts [J]. *Handbooks in Operations Research & Management Science*, 2003, 11 (11): 227-339.

[9] Cachon, G. P. and Lariviere, M. Contracting to assure supply: how to share demand forcasts in supply chain. *Management Science*, 2001 (1): 7-14.

[10] Clare Narrod, Devesh Roy, Belem Avendao, Karl Rich and Am it Thorat. The Role of Public-Private Partnerships and Collective Action in Ensuring SmallholderParticipation in High Value Fruit and Vegetable Supply Chains [M]. CAPRi Working Paper, 2007.

[11] Deborah Liz Hall, Wayne Ryan. Chains of Success-Case Studies on International and Australian Food Business Cooperation to Compete in the Global Market [J]. Common Wealth of Australian, 1998 (1): 7-14.

[12] Drechsel, J., Kimms, A. Computing core allocations in cooperative games with an application to cooperative procurement [J]. *International Journal of Production Economics*, 2010, 128 (1): 310-321.

[13] Feess, E., Thun, J. H. Surplus division and investment incentives in supply chains: A biform-game analysis [J]. *European Journal of Operational Research*, 2014, 234 (3): 763-773.

[14] Frank, S. D., Henderson, D. R. Transaction Costs as Determinants of Vertical Coordination in the U. S. Food Industries [J]. *American Journal of Agricultural Economics*, 1992, 74 (4): 941-950.

[15] Ge, H., Gray, R., Nolan, J. Agricultural supply chain optimization and complexity: A comparison of analytic vs simulated solutions and policies [J]. *International Journal of Production Economics*, 2015 (159): 208-220.

[16] GiannoccaroI, Pontrandolfo P. Supply chain coordination by reve-

nue sharing contracts [J]. *International Journal of Production Economics*, 2004, 89 (2): 131-139.

[17] Hobbs, J. E., Young, L. M. Increasing Vertical Linkages in Agri - food Supply Chains: A Conceptual Model and Some Preliminary Evidence [J]. *Canadian Journal of Agricultural Economics/Revue canadienne d' agroeconomie*, 1999, 47 (4): 478-478.

[18] Hofman, W. J., Trienekens, J. H., Zuurbier, P. J. P. Information and communication technology (ICT) for food and agribusiness [M]. Washington, 2013.

[19] Hu, D., Reardon, T., Rozelle, S., et al. The Emergence of Supermarkets with Chinese Characteristics: Challenges and Opportunities for China's Agricultural Development [J]. *Development Policy Review*, 2004, 22 (5): 557-586.

[20] Lee, H. L. and Billington, C. Managing Supply Chain Inventory: Pitfalls and Opportunities [J]. *Sloan Management Review*, 2006, 33 (3): 65-73.

[21] James, D., Spier, K. Revenue sharing, demanduncertainty, and vertical control of competing firms [J]. *Kellogg Graduate School of Management Working Paper*, 1999 (1): 7-14.

[22] Kliebenstein, J. B., Lawrence, J. D. Contracting, Vertical Coordination in the United States Pork Industry [J]. *American Journal of Agricultural Economics*, 1995, 77 (5): 1213-1218.

[23] Lagerkvist, C. J., Johansson, H., Birol, E., et al. A Supply-Chain Analysis of Food Safety Standards Related to the Use of Wastewater for Irrigation of Crops [C]. International European Forum, February 15-20, 2009, Innsbruck-Igls, Austria. International European Forum on System Dynamics and Innovation in Food Networks, 2009 (1): 139-145.

[24] Ling, L. Y., Zhong, H. U., Guo, X. L. Analysis and Coordination of "Farmer-supermarket Docking" Mode under Stochastic Yield and Random Demand [J]. *Systems Engineering*, 2006 (1): 7-14.

[25] Luo, M., Chen, Y. Study on Agricultural Produce Quality and Safety Control Based on Farm-supermarket Docking [J]. *Logistics Technology*, 2015 (1): 34-39.

[26] Minot, N. and D. Roy. Impact of H igh-ValueAgricultureandModernMarketing Channels on Poverty: An Analytical Framework. International Food Policy Research Institute [M]. Washington, 2007.

[27] Mighell, R. L., Jones, L. A. Vertical coordination in agriculture [J]. *Vertical Coordination in Agriculture*, 1963 (1): 7-14.

[28] Nachiappan, S. P., Jawahar, N. A genetic algorithm for optimal operating parameters of VMI system in a two-echelon supply chain [J]. *European Journal of Operational Research*, 2007, 182 (3): 1433-1452.

[29] Ramaswami, B., P. S. Birthal, and P. K. Joshi. Efficiency and D istribution in Contract Farming: The Case of Indian Poultry Growers [R]. D iscussion Paper 91. Washington, D. C.: International Food Policy Research Institute, 2006.

[30] Ramaswami, B., Birthal, P. S., Joshi, P. K. Efficiency and Distribution in Contract Farming: The Case of Indian Poultry Growers [J]. *Revista De Libros*, 2011, 115 (77): 50.

[31] Ramaswamy, C. Analyzing revenue sharing and buyback contracts: An experimental study [J]. *Dissertations & Theses-Gradworks*, 2012 (1): 7-14.

[32] Reardon, et al. Governance, Coordination and Distribution along Commodity Value Chains [J]. *FAO*, 2006 (4): 4-5.

[33] Satyaveer, S. Chauhan, Jean-Marie Proth. Analysis of a supply chain part-nership with revenue sharing [J]. *International Journal of Produc-*

tion Economics, 2004（1）：7–14.

[34] Schrader, L. F., Boehlje M. Cooperative Coordination in the Hog–Pork System [J]. Examples from Europe and the US, 1996.

[35] Shapley, L. S. A value for n–person games [J]. *Annals of Mathematics*, 1953.

[36] Sorescua, A., Frambach, R. T. Innovations in Retail Business Models [J]. *Journal of Retailing*, 2011（7）：3–16.

[37] Srinagesh Gavirneni, Roman Kapuscinski. Periodic flexibility, informationsharing, and supply chain performance [J]. *Iie Transactions*, 2012, 42（3）：173–187.

[38] Stokke, H. E. Multinational supermarket chains in developing countries: does local agriculture benefit [J]. *Agricultural Economics*, 2009, 40（6）：645–656.

[39] Tang, W., Tang, W., Jiang, C., et al. Incentive Decision on Safety Investment of Supply Chain of Agricultural Products in "Agricultural Super–Docking" [J]. *Journal of Applied Mathematics*, 2014（1）：7–14.

[40] Taylor, T. A. Supply Chain Coordination Under Channel Rebates with Sales Effort Effects [J]. *Management Science*, 2002, 48（8）：992–1007.

[41] Thakur, M., Hurburgh, C. R. Framework for Implementing Traceability System in the Bulk Grain Supply Chain [J]. *Journal of Food Engineering*, 2010, 95（4）：617–626.

[42] Woods, E. J., Johnson, G. I, Hofman, P. J. Supply – chain management: understanding the concept and its implications in developing countries [J]. *Australian Center for International Agricultural Research*, 2004（1）：18–26.

[43] 北京市"十二五"时期农产品流通体系发展规划.

[44] 鲍亚飞，徐胡涛，綦方中，等．农超对接模式中利益分配问题研究[J]. 经营与管理，2015（3）：113. 115.

[45] 北京市农村工作委员会网站．2013 年农民人均纯收入 18337 元[EB/OL]．http：//www. beijing. gov. cn/ggfw/nm/ncxxfw/t1339171. htm.

[46] 毕凤玉，张名磊．我国农产品供应链发展对策研究[J]. 物流技术，2012，31（3）：110-112.

[47] 卜祥龙．农产品供应链联盟的利润分配博弈分析[J]. 物流技术，2012（17）：338-342.

[48] 蔡荣．"合作社+农户"模式：交易费用节约与农户增收效应——基于山东省苹果种植农户问卷调查的实证分析[J]. 中国农村经济，2011（1）：58-65.

[49] 陈家涛．农超对接的模式、困境及对策[J]. 经济研究导刊，2011（36）：202. 203.

[50] 陈婷婷．农产品供应链的利润分配问题研究[D]. 浙江工业大学博士学位论文，2012.

[51] 陈贻设．农业战略联盟研究[J]. 海南大学学报：人文社会科学版，2003，21（3）：258-263.

[52] 陈莹莹．"农超对接"渠道畅［N］．经济日报，2011-5-19.

[53] 陈禹，王明明．信息经济学教程[M]. 清华大学出版社，2011.

[54] 池泽新．农户行为的影响因素、基本特点与制度启示[J]. 农业现代化研究，2013，24（25）：368-371.

[55] 褚阳．农产品供应链管理模式研究[J]. 物流科技，2013，1（7）：42-44.

[56] 但斌，陈军．基于价值损耗的生鲜农产品供应链协调[J]. 中国管理科学，2008，16（5）：42-49.

[57] 但斌，伏红勇，徐广业，等．风险厌恶下天气影响产出的农

产品供应链协调[J]. 系统工程学报，2014，29（3）：1.

[58] 但斌，伏红勇，徐广业．考虑天气与努力水平共同影响产量及质量的农产品供应链协调[J]. 系统工程理论与实践，2013，33（9）：2229-2238.

[59] 邓俊淼．农户风险与农产品供应链脆弱性——基于交易视角的分析[J]. 农业经济学，2008（7）.

[60] 邓俊淼．农民工返乡创业推动农产品供应链重构模式研究[J]. 智库观察，2013，1（5）：8-10.

[61] 丁吉萍，高玉娟．农超对接的发展研究［J］. 世界农业，2015（2）：176-179.

[62] 方凯，王厚俊，单初．“公司+合作社+农户”模式下农户参与质量可追溯体系的意愿分析[J]. 农业技术经济，2013，1（6）：63-72.

[63] 房丽娜．农产品供应链信息管理的研究[D]. 中国农业科学院博士学位论文，2009.

[64] 冯晓艳．我国“农超对接”发展现状与对策[J]. 浙江农业科学，2014（1）：131-134.

[65] 甘文霄，刘潇斌．“农超对接”模式下农产品的质量安全责任制度研究[J]. 农业经济，2012，（6）：123. 124.

[66] 高明，徐天祥，欧阳天治．农户行为的逻辑及其政策含义分析[J]. 思想战线，2013，39（1）：147-148.

[67] 高强，穆丽娟．“合作社主导型农产品供应链”利益分配研究[J]. 西部论坛，2015（1）：8-15.

[68] 郭丽华，张明玉．基于利润分配机制的农产品供应链分析[J]. 物流技术，2006（6）：47-49.

[69] 郭晓鸣，廖祖君，付娆．龙头企业带动型、中介组织联动型和合作社一体化三种农业产业化模式的比较——基于制度经济学视角的

分析[J]. 中国农村经济，2007（4）：40-47.

[70] 郭欣旺，李莹，周云凤．小农户加入现代农产品供应链的思考[J]. 农村经济，2011，2（2）：97-99.

[71] 贺少芸．浅谈农户经营行为对我国农业可持续发展的作用[J]. 吉林农业，2013，1（1）：1-2.

[72] 贺晓伟，赵庆祯．基于期权的农产品供应链模式分析[J]. 物流科技，2011（1）：75-78.

[73] 胡定寰，Fred Gale，Thomas Reardon. 试论超市+农产品加工企业+农户新模式[J]. 农业经济问题，2006（1）：36-39.

[74] 胡定寰，杨伟民．"农超对接"：意义与挑战[J]. 农村经营管理，2010（17）：17-19.

[75] 胡定寰．"农超对接"中的农产品可追溯体系[J]. 农产品加工：创新版，2012（1）：25-26.

[76] 胡定寰．几种成熟的农超对接模式[J]. 农产品加工：创新版，2011（12）：20-22.

[77] 黄彬红，李晓．"农超对接"下的农产品冷链物流发展研究[J]. 广东农业科学，2013（17）：220-223.

[78] 黄祖庆，易荣华，达庆利．第三方负责回收的再制造闭环供应链决策结构的效率分析[J]. 中国管理科学，2008，16（3）：73-77.

[79] 蒋永穆，高杰．不同农业经营组织结构中的农户行为与农产品质量安全［N］．云南财经大学学报，2013（1）．

[80] 寇荣，谭向勇．论农产品流通效率的分析框架[J]. 中国流通经济，2008（5）：12.

[81] 寇莹．收入共享契约下供应链的协调研究[D]. 西南交通大学博士学位论文，2007.

[82] 李东新，宋岭．中国农超对接现状及发展新疆特色的农超对接的策略[J]. 新疆大学学报（哲学、人文社会科学版），2011，39

(2)：6-10.

[83] 李圣军．“农超对接”：农产品进城新模式[J].农村经营管理，2009 (8)：10-11.

[84] 李晓明．如何规范农民专业合作社建设[J].金融经济：理论版，2006 (8)：127-128.

[85] 李新剑．农超对接供应链合作模式研究[J].西部经济管理论坛，2014，25 (2)：11-16.

[86] 李岩．有机农产品供应链利益分配问题研究[D].吉林大学博士学位论文，2015.

[87] 李莹，胡定寰，翟印礼．“农超对接”交易价格形成机理探析[J].中国物价报，2011 (4)：27-30.

[88] 李政．农超对接中农产品安全问题研究[J].甘肃社会科学，2013 (2)：233.237.

[89] 梁鹏，李江．基于 Shapley 值法的农产品供应链联盟利益分配机制研究[J].商业研究，2013 (8)：191-194.

[90] 林略，但斌．收益共享契约下鲜活农产品三级供应链协调[J].系统工程学报，2012 (4)．

[91] 刘兵，胡定寰．我国“农超对接”实践总结与再思考[J].农村经济，2013 (2)：109-112.

[92] 刘宏曼．北京市农业产业化的发展历程及趋势浅析[J].江苏商论，2009 (14)：204-204.

[93] 刘薇．产销视角下的北京市农产品物流配送优化研究[D].北京交通大学博士学位论文，2013：11-53.

[94] 刘卫华．易腐农产品三级供应链协同机制研究[J].湖北农业科学，2012，51 (5)：77-80.

[95] 刘晓峰．“农超对接”模式下农户心理契约的构成及中介效应分析[J].财贸经济，2011 (2)：69-73，136.

[96] 刘玉朋，胡宝贵．基于供应链视角的北京市蔬菜供应体系分析[J]. 北京农业职业学院学报,2013（1）：3-4.

[97] 刘助忠，龚荷英．互联网+时代农产品供应链演化新趋势——基于“云”的农产品供应链运作新模式[J]. 中国流通经济，2015（9）：91-97.

[98] 吕丹．基于AHP的农产品流通效率指标评估[J]. 物流工程与管理，2013（10）：122-126.

[99] 陆杉．农产品供应链成员信任机制的建立与完善——基于博弈理论的分析[J]. 管理世界，2012（7）：172-173.

[100] 罗峦．国外农产品供应链组织变革新模式及对我国的启示[J]. 兰州学刊，2010，11（206）：103-105.

[101] 马林，沈祖志．基于供应链的农产品产销策略联盟构建分析[J]. 华南农业大学学报（社会科学版），2004，3（4）：63-66.

[102] 马士华，林勇．供应链管理[M]. 高等教育出版社，2006.

[103] 牛亚丽．农超对接视角下农户农产品的质量安全控制行为及其影响因素分析——基于辽宁省484个果蔬农户的调查[J]. 四川农业大学学报，2014，32（2）：236-241.

[104] 潘福斌，宋达．农超对接的农产品物流系统绩效评价体系研究[J]. 中国流通经济，2014（2）：46-53.

[105] 恰亚诺夫．农民经济组织[M]. 中央编译出版社，1996：20-21.

[106] 卿硕．美日农产品流通模式及其在中国的发展前景[J]. 世界农业，2013，2（201）：34-44.

[107] 邱昭睿，张雪峰．城镇化进程中农产品流通模式的优化研究[J]. 改革探索，2014（5）：51-54.

[108] 屈海．北京市农产品市场供应问题与对策研究[D]. 中国农业科学院研究生院博士学位论文，2012.

[109] 任文菡，范宽，张旭．我国“农超对接”问题提研究[J]. 东方论坛，2013（2）：119-125.

[110] 施晟，卫龙宝，伍骏骞．“农超对接”进程中农产品供应链的合作绩效与剩余分配——基于“农户+合作社+超市”模式的分析[J]. 中国农村观察，2012（4）：14-28.

[111] 税尚楠．农业经营模式的选择：资本农场或合作经营[J]. 农业经济问题，2013，1（8）：32-36.

[112] 宋超，李曙光．“农超对接”现象浅析[J]. 物流技术，2010（5）：28-30.

[113] 宋新峰．农产品供应链利益协调机制研究[D]. 西北农林科技大学博士学位论文，2012.

[114] 孙剑．我国农产品流通效率测评与演进趋势——基于1998~2009年面板数据的实证分析[J]. 中国流通经济，2011（5）：20-24.

[115] 谭涛，朱毅华．农产品供应链组织模式研究[J]. 现代经济探讨，2004（5）：24-27.

[116] 王道平，程蕾．产出不确定的农产品供应链协调问题研究[J]. 控制与决策，2012，27（6）：881-885.

[117] 王丽珍．北京郊区特色果蔬农产品交易途径现状及思考[J]. 北京农业职业学院学报，2012.

[118] 王伟浩，陶爱萍，马兰燕．建立以供销合作社为核心的纵向一体化农产品供应链[J]. 西安文理学院学报（社会科学版），2013，16（3）：70-73.

[119] 魏国辰．基于封闭供应链管理的北京市农产品物流模式研究[J]. 商业时代，2010（26）：43-45.

[120] 吴志强．北京市农民专业合作社融资问题研究[D]. 中国农业科学院博士学位论文，2013.

[121] 夏春玉，薛建强．农业产业化模式、利益分配与农民收入

[J]. 财经问题研究，2008（11）：31-38.

[122] 肖泽干. 农户参与耕地保护的意愿、行为选择及其激励机制——以江西省新建县为例[D]. 江西财经大学博士学位论文，2013：15-35.

[123] 许翔宇. 贫困地区农户脱贫的困境与出路：基于农产品供应链的视角[J]. 农业经济问题，2012（9）.

[124] 杨金海. 农产品供应链协调机制问题研究[D]. 湖南农业大学博士学位论文，2007.

[125] 杨伟民，胡定寰. 食品安全视角下"农超对接"对农产品价值链的重构 [J]. 农业经济与管理，2013（2）：66-72.

[126] 叶敬忠，丁宝寅. 独辟蹊径：自发型巢状市场与农村发展[J]. 中国农村经济，2012.

[127] 苑鹏. 公司+合作社+农户下的四种农业产业化经营模式探析——从农户福利改善的视角[J]. 中国合作经济，2013（7）：13-18.

[128] 张浩，李菲，程红鸾. 合作社信息获取难度与满意度分析——基于马铃薯农民专业合作社的调查[J]. 中国蔬菜，2013（1X）：91-95.

[129] 张菁. 基于信息共享的生鲜农产品供应链协调研究[D]. 哈尔滨商业大学博士学位论文，2015.

[130] 张磊，王娜，谭向勇. 农产品流通效率的概念界定及评价指标设计[J]. 农产品流通，2011，25（4）：18-21.

[131] 张维迎著. 博弈论与信息经济学[M]. 上海三联书店，2004.

[132] 赵安平，王晓东，戈雪松，黄体冉，韩冰，左志丽. 2012 年全年北京市农产品市场行情变化情况监测报告[R]. 北京市农业局信息中心，2013：58-61.

[133] 赵建欣，王俊阁. 农民专业合作组织农产品质量控制机制分析[J]. 农业经济，2010（3）：61-63.

[134] 赵晓飞，李崇光. 农产品供应链联盟的利益分配模型与策略

研究[J]. 软科学，2008，22（5）：90-94.

[135] 赵晓飞. 我国现代农产品供应链体系构建研究[J]. 农业经济问题，2012（1）：15-22.

[136] 甄杰. 需求不确定条件下农产品供应链模式研究[D]. 重庆工商大学博士学位论文，2012.

[137] 郑鹏. 基于农户视角的农产品流通模式研究[D]. 华中农业大学博士学位论文，2012.

[138] 周峻岗. 基于不同流通模式的农产品流通效率评价研究[J]. 安徽农业科学，2015（2）：317-321.

[139] 周数华. 构建连锁超市生鲜农产品供应链的信息管理体系探讨[J]. 管理世界，2011（3）：33-36.

[140] 祝坤艳. “农超对接”农产品模式发展机制与对策研究[J]. 改革与策略，2016（6）：85-89.

后 记

本书是北京市哲学社会科学基金（编号 14JDJGB054）的研究成果。本书的顺利出版，不仅得益于北京市哲学社科基金“北京市易腐农产品供应链视角下农户联盟利益分配机制研究”（编号 14JDJGB054）项目和北京市哲学社会科学首都业流通基地（编号：JD-2016-ZD-01）项目的资助，也得益于北京工商大学科研处和经济学院的大力支持。北海道大学经济学研究科松村史穗教授、南京审计大学新经济研究院徐振宇教授对本书的编写框架和内容设计提出了宝贵的意见与建议。团队的何燕玲、豆莎莎、程豪、张勉之、李娇和崔蓓蕾同学为本书的实地调研、问卷调查做出了巨大的努力，经济管理出版社的张永美女士为本书的出版也付出了辛勤的劳动。在此，对所有为本书的出版付出心血的领导、同仁和学生表示衷心的感谢。